电力经济与信息化管理研究

许吉凯 赵 雷 刘瑞平◎ 著

吉林科学技术出版社

图书在版编目（CIP）数据

电力经济与信息化管理研究 / 许吉凯，赵雷，刘瑞
平著. -- 长春：吉林科学技术出版社，2023.7
　　ISBN 978-7-5744-0763-3

　　Ⅰ．①电… Ⅱ．①许… ②赵… ③刘… Ⅲ．①电力工
业－工业经济－信息化建设－研究 Ⅳ．①F407.61

　　中国国家版本馆 CIP 数据核字 (2023) 第 155281 号

电力经济与信息化管理研究

著	许吉凯　赵　雷　刘瑞平
出 版 人	宛　霞
责任编辑	李永百
封面设计	金熙腾达
制　　版	金熙腾达
幅面尺寸	185mm×260mm
开　　本	16
字　　数	254 千字
印　　张	11.25
印　　数	1–1500 册
版　　次	2023年7月第1版
印　　次	2024年2月第1次印刷

出　　版	吉林科学技术出版社
发　　行	吉林科学技术出版社
地　　址	长春市福祉大路5788号
邮　　编	130118
发行部电话/传真	0431-81629529 81629530 81629531
	81629532 81629533 81629534
储运部电话	0431-86059116
编辑部电话	0431-81629518
印　　刷	三河市嵩川印刷有限公司

书　　号	ISBN 978-7-5744-0763-3
定　　价	85.00元

前　言

　　电力经济与信息化管理是电力行业发展的重要方向，它将电力经济和信息化技术有机地结合起来，为电力生产、传输、分配和消费等环节提供了新的管理和运作方式。随着社会经济的快速发展和能源需求的增长，电力行业与信息化的融合将进一步推动电力行业的转型升级，为构建可持续发展的电力系统做出积极贡献。

　　基于此，本书以"电力经济与信息化管理研究"为题，首先，以电力技术与电力经济、电力产业技术与发展战略、电力投资布局及设想的介绍为切入点。其次，具体介绍电力技术经济、电力技术经济的要素、电力技术经济评价的方法。再次，对电力系统自动化及其经济调度展开讨论；然后，阐释电力信息化的多元化管理，内容包括发电企业的信息化、变电站的信息化、输配电的生产管理信息化；接下来，对电力监管信息化建设的必要性与需求、电力监管信息系统的构建、基于 Web 服务的电力信息化监管系统构建进行深入探讨。最后，研究基于智能电网的电力信息化建设、云计算技术在电力信息化建设中的应用、AI 技术在电力信息化中的应用创新。

　　本书从多个角度切入主题，详略得当，结构布局合理、严谨，语言准确，在有限的篇幅内，做到内容系统简明，概念清晰准确，文字通顺简练，形成一个完整的、循序渐进的、便于阅读与研究的文章体系。

　　本书的撰写得到了许多专家学者的帮助和指导，在此表示诚挚的谢意。由于笔者水平有限，加之时间仓促，书中所涉及的内容难免有疏漏与不够严谨之处，希望各位读者多提宝贵意见，以待进一步修改，使之更加完善。

目 录

第一章 电力经济与投资

在当今现代社会中，电力已经成为支撑工业、商业、居民生活乃至国家发展的重要基础设施。随着工业化、城市化的迅猛发展，电力需求不断增长，电力经济和投资问题也逐渐受到了广泛关注。电力作为能源的重要形式，不仅影响着生产生活的方方面面，还在很大程度上塑造着一个国家乃至全球的经济格局。因此，深入探讨电力经济与投资的关系，不仅对于保障能源供应的稳定性，促进经济持续增长，还对于推动可持续能源发展、优化能源结构、实现生态平衡具有重要意义。

第一节 电力技术与电力经济

一、电力技术

电力工业是通过消耗煤炭、石油等一次性能源和水、风等可再生能源及核能等，获取电能这一优质的二次能源，并且实现将电能供应给广大电力用户的能源转换和加工产业。由于能源是人类一切社会活动不可缺少的重要物质，因此，电力工业同煤炭、石油等产业一样，是向国民经济和社会提供电能这一基础物质和商品的基础产业。同其他能源形式相比，电能具有转化容易，使用方便、灵活的特点，因此，它可以广泛地应用在各种生产活动和生活中。同时，电能的经济效益非常明显。由于电力技术的不断改进和发展，电力工业在实现将一次能源转化为电能时，其转换效率正在逐步提高；此外，电能向其他能源形式转换时，也具有很高的转换率。因此，广泛地使用电能，不仅能够提高生产领域的生产技术水平，而且能够大幅度地提高能源使用效率，节约社会资源。此外，电能还是一种没有污染的清洁能源。使用电能代替其他能源，可以大大改善工作环境、生活环境和劳动者的劳动工作条件。

尤其是近几年来，随着现代科学技术的迅速发展，计算机网络技术、办公自动化技术、自动控制技术、现代通信、电子商务活动、家庭电器，以及电化教育手段等的广泛普及与应用，促使社会经济和人民生活用电日益增长，电能已广泛应用于国民经济各个行业以及社会生活各方面，成为不可缺少的社会基本必需商品。

由于电能目前还是一种不能大规模储存的能源，因此，电力的生产、输送和消费都是通过电力网络同时完成的。为了使电力生产、流通和消费等环节能够很好地相互衔接，电力工业需要采用大量的自动化控制技术和设备，以实现发、输、售、用各环节的相互紧密配合，协调统一地进行。电力技术是对电力生产、传输、控制、检测、利用的总称。电力技术体系按电力系统的发、输、配、供、用电环节，可分为发电技术、输电技术（电网技术）、配电技术、供电技术及用电技术。各类电力技术间相互交叉、相互渗透，并可进一步细分。

发电技术本质上是将一次能源转换成电力，并向后续输电、供电企业及大用户提供电力商品的技术，如火电技术、水电技术、核电技术、新能源技术等。火力发电企业主要由锅炉、汽轮机、发电机组成，俗称三大件，此外，还需要有运煤皮带、磨煤机、水循环系统、发电机冷却系统等。输电技术主要包括交流输电技术、直流输电技术、交直流输电技术等，输电企业在电力市场中主要负责将电力输送到远距离的负荷中心地区。输电企业完成这一职能主要依靠输电网络（俗称高压输电线）。由于每条输电线路所能够输送的电力是有限的，因此，在向一些较大负荷的用电中心输电时，通常需要有多条输电线路来同时完成，从而构成了输电网络系统。从现代观点来看，电力技术不仅包括发电技术、输电技术、配电技术和供电技术，还包括需求侧终端用户的用电技术和节电技术。另外，按电力技术功能作用，还可将电力技术分为控制技术、电力电子技术、检测技术、信息技术、通信技术、网络技术、保护技术、维修技术、管理技术等。

二、电力经济

电力经济是指关于电力工业的经济问题。电力属于能源，而能源属于资源，因此，关于电力经济的研究与探讨属于能源经济学、资源经济学与经济学范畴。

电力经济从构词上来看，是"电力"与"经济"两个词的组合集成，具备电力与经济的双重属性与特征。

电力是一种方便、清洁、无噪声、低污染、便于转换、便于控制的一次能源，具有许多其他能源所不及的优点。概括地讲，电力的特点包括唯一性、无形性、时空快捷性、高温性、可控性、便利性、清洁性、低污染性、快热性、高替代、不易储存性、产供销同步性、供求平衡性、成本复杂性、定价阶段性、转换多元性。输电网络具有极高的关联性，同时，具有极强的规模性。从经济学角度来讲，电力企业属于强自然垄断企业，即随着规模不断扩大，建设成本不断下降，设备利用效率不断上升。

电力经济作为经济学的一个分支，其特点不仅与电力的特点有关，而且与经济的属性有关。从层次上来讲，电力经济分为微观和宏观两个层次。前者是指电力产业本身的经济问题，后者是指电力工业与其他产业乃至整个国民经济间的经济关系问题。从方法论上来讲，电力经济包括实证经济分析与规范经济分析。前者主要描述、解释与分析各种经济变量的变化及相互关系，不涉及道德理论或价值判断；后者则研究"经济主体的活动应该如何"的规范问题。

电力经济除研究电力的有效使用外，还要研究如何使电力供给更普及，同时，要考虑低收入和偏远地区的用电问题。电力经济要考虑与其他能源替代转换的问题，电力由一次能源转换而来，因此，电力经济尤其关注资源转换关系和替代程序问题。电力经济特别重视外部性问题和环境污染问题。电力经济涉及电力规划、电源规划、电网建设、机组组合调度及维修体制问题，因此，电力经济要结合电力技术、电力工程等进行财务和经济评价。由于电力不可存储，但又要保证电力供求平衡，而电力需求变化无常，电力供给的资源与建设却要提前几年甚至几十年决策，如何使事前的供给决策满足事后的负荷需求仍是一个十分复杂、相当艰难的供求匹配协调问题。为此，电力经济不仅要研究电力供给，也要研究电力需求，继而进行综合化、系统化的思考和多属性、多目标决策。"目前，我国的电力经济逐渐呈现市场化的特征。从根本上来说，电力经济的发展一定程度上反馈了我国电力企业运营情况，传达了社会总体的电力资源运用需求。"①

电力经济研究的主要问题，从广义上来说，主要研究与电力有关的各种经济问题，包括电力与其他能源间、电力与整个国民经济间的经济关系问题；从狭义上来讲，研究电力系统规划的经济问题。

（一）电力与其他能源间的相互关系

电力与其他能源间的相互关系主要研究电力与其他能源之间的经济关系（包括替代关系和互补关系），特别是研究能源利用的转换与效率。其主要内容包括电力与其他能源的物理特性，电力与其他能源的蕴藏性，电力与其他能源的生产、消费特性及比例，电力与其他能源间的转换特性，电力与其他能源间的价格关系，电力与其他能源的替代或互补关系，电力与其他投入要素间的相互关系，能源政策对电力与其他能源的影响等。

（二）电力与整个国民经济的关系

电力与整个国民经济的关系基于"电力作为私人品和公共品、作为各产业的中间需求产品和国计民生的最终产品"的观点，研究主要内容包括电力弹性系数与电力生产效率，

---

①周昱. 电力经济与电力市场的关系探讨［J］. 电气技术与经济，2022（01）：92.

电力需求的价格效应和收入效应，电力需求与国民经济指标的关系，电价调整对产业成本、经济增长、工资水平、就业率和进出口的影响，电力发展、电价水平对人民生活和经济活动的影响等。

（三）电力系统规划与经营

电力系统规划与经营是一项主要研究如何有效利用供求经营战略，基于最小成本原理进行电力规划的领域。它涵盖了以下具体内容：

1. 电力需求预测与负荷管理策略

电力系统规划与经营领域通过分析历史数据和未来趋势来预测电力需求，并制定相应的负荷管理策略，以确保供需平衡和稳定的电力供应。这一过程涉及对历史数据的分析，以了解需求的变化模式和关联因素。基于当前的社会经济发展、工业结构、技术进步和能源政策等因素，结合历史数据的分析结果，进行未来电力需求的预测。根据预测结果，制定相应的负荷管理策略，包括需求响应计划、能源效率技术推广和电力负荷分时计费等。最终目的是实现供需平衡，确保电力系统的稳定运行和高效能源利用。

2. 电源开发方案与输电系统规划

根据电力需求和可行性研究，电力系统规划与经营制订电源开发方案，包括新建电厂、改造现有电厂或引入可再生能源等，并规划输电系统，以确保电力传输的高效性和可靠性。这一过程综合考虑多个因素，旨在满足电力需求并确保电力系统的稳定运行。

电源开发方案的制订涉及对电力需求的准确评估和预测，以及对不同电源类型的可行性研究。基于需求和可行性，可能采取多种策略，如新建传统发电厂、改造现有发电厂以提高效率，或引入可再生能源，如太阳能、风能、水能等。通过综合考虑成本效益、环境影响和可持续性等因素，选择最适合的电源类型和技术，以满足电力需求并推动清洁能源发展。

同时，输电系统规划是确保电力传输高效可靠的重要环节。这包括确定输电线路的走向、容量和配置，以最大限度地减少能量损耗，提高输电效率。规划过程考虑多个因素，如输电线路长度、负荷分布、负荷中心和电网稳定性等，以确保电力能够稳定、有效地传输到终端用户。通过优化输电网络结构和灵活性，提高电力传输的可靠性和稳定性，以应对日益增长的电力需求。

3. 电力系统的经济调度

通过制订合理的发电计划和输电方案，电力系统规划与经营实现电力系统的经济调度，旨在最大限度地降低生产成本并提高能源利用效率。发电计划制订包括确定各个发电源的出力安排、启停时间和运行方式，以满足负荷需求并确保系统稳定运行。输电方案设计涉及优化输电线路的配置、容量和运行方式，以最小化输电损耗、提高效率和确保电网安全。通过综合优化发电计划和输电方案，经济调度策略考虑成本、燃料价格、运行成本、排放限制和市场供需等因素，实现最优化的发电和输电，降低生产成本，提高能源利用效率。这有助于实现可持续发展，促进能源资源的合理利用，并满足用户对稳定、可靠、经济的电力供应的需求。

4. 电厂效率与电力技术进步

电力系统规划与经营的重要任务之一是研究和推动电厂的效率改进和电力技术的进步，旨在提高发电效率、减少能源损耗和排放，并推动可持续能源的发展。这一方面涉及以下两个方面的工作：

（1）研究和推动电厂的效率改进是关键。通过技术创新和工艺优化，电厂可以提高能源转换效率，实现更有效的发电过程。例如，引入先进的燃烧技术和锅炉设计，改进蒸汽轮机和发电机的效率，优化燃料供应和烟气处理系统等，以最大限度地提高发电效率并减少能源损耗。

（2）电力技术的进步对于实现可持续能源发展至关重要。通过研究和推广新能源技术，如太阳能、风能、水能等可再生能源，可以减少对传统能源的依赖，并降低碳排放和环境影响。同时，发展先进的储能技术、智能电网和分布式发电系统等，能够更好地集成和管理可再生能源，提高能源利用效率和电力系统的灵活性。

通过研究电厂的效率改进和电力技术的进步，电力系统规划与经营可以推动可持续能源发展和能源转型。这有助于减少对有限资源的依赖，减少能源损耗和环境污染，提高能源利用效率，同时推动经济可持续发展。在实现清洁能源转型的过程中，合理平衡电力供应的可靠性、经济性和环境可持续性是至关重要的目标，而研究电厂效率改进和电力技术进步正是为实现这一目标而努力的重要方向。

5. 电厂安全生产与环境影响评估

电力系统规划与经营不仅关注电厂的效率和技术进步，还十分重视电厂的安全生产管理和环境保护。在确保人员和设备安全的同时，电力系统规划与经营进行环境影响评估，以评估电力系统对周围环境的影响，并采取相应的环境保护措施。这意味着电力系统规划与经营要制定严格的安全规程、培训员工的安全意识，并定期进行安全风险评估和隐患排查，以确保电厂的安全生产。同时，对发电和输电过程中可能对环境造成的影响进行环境影响评估，监测和分析大气排放、废水排放、固体废弃物处理等方面的影响，并采取相应的环境保护措施，如改进排放控制设备、优化废水处理工艺等。通过这些措施，电力系规划与经营旨在确保电厂的安全生产，减少对周围环境的不良影响，实现可持续发展的目标。

6. 电厂经营计划

电力系统规划与经营关注电厂效率、安全和环境保护，并通过制订经营计划确保电厂的正常运行和可持续经营。这包括设备维护计划和燃料采购计划等关键要素。制订设备维护计划是为了保障电厂设备的稳定运行和可靠性，通过定期维护、检修和保养，预防设备故障和事故的发生。燃料采购计划的制订确保电厂稳定的燃料供应，保障电力生产的连续性和可靠性。此外，经营计划还包括人力资源管理、财务预算控制和市场运营等方面。通过制订全面的经营计划，电力系统规划与经营实现电厂的正常运行、降低成本和环境影响，为电力系统的稳定供应和可持续发展奠定基础。

7. 财务预算控制与电价费率制定

电力系统规划与经营不仅关注电力供应和需求管理，还十分重视财务预算控制和制定合理的电价费率，以确保电力系统的财务稳定和可持续发展。在财务预算控制方面，电力系统规划与经营制定和执行合理的财务预算，包括收入、支出和投资等方面的规划和控制，以有效管理资金流动、合理分配资源、降低成本并提高效益。同时，制定合理的电价费率是为了平衡用户利益和电力公司的经济可行性。通过综合考虑用户需求、经济承受能力，以及电力公司的成本和运营需求，电力系统规划与经营制定合适的电价费率政策，以确保供需平衡、保障公平性，并促进电力系统的可持续发展。这些举措共同助力电力系统实现财务稳定、经济可行性和可持续发展的目标。

8. 政府管制与社会福利

电力系统规划与经营的研究不仅关注电力市场的政府管制政策，也着重考虑电力系统对社会福利的影响，以追求公平竞争和社会效益的最大化。政府在电力市场中扮演着监管和调控的角色，通过制定政策和规定来确保市场的公平竞争和有效运行。电力系统规划与经营的研究内容包括分析政府管制政策对市场参与者和用户的影响，以及对电力供应稳定性和可持续发展的影响。同时，电力系统规划与经营也关注电力系统对社会福利的影响，包括满足人们对电力的需求、确保供应的可靠性、降低电价并提高服务质量，以促进经济增长和社会福利的提升。通过综合考虑经济、环境和社会因素，电力系统规划与经营努力平衡各方利益，使电力系统成为社会可持续发展的重要支撑。这样的研究为电力系统的可持续发展提供了指导和支持，推动了电力行业的进步和社会的繁荣。

电力系统规划与经营的研究旨在实现电力系统的高效运行、经济发展和可持续发展，以满足人们对电力的需求，并促进能源资源的合理利用。

三、电力技术与电力经济的关系

电力技术和电力经济虽然是两个不同范畴的概念，但是两者之间存在着相互依赖、相互影响、相互制约的密切关系。

第一，电力技术的开发应用，要充分考虑电力工业的技术经济特点和电力体制改革方案的设计与实施，要考虑电力工业管理模式和电力企业改革态势，要考虑电力市场化进程阶段和发展层次，要考虑电力市场参与者的知识能力和认识水平。电力技术不仅要以技术可行性为先决条件，而且要在经济上产生效益。

第二，创新是电力技术发展的推动力，市场是电力技术发展的拉动力。推动力和拉动力方向一致才能形成一个强大的合力，促进电力技术向深度广度发展。面向市场的创新才有生命力，依靠创新的市场才有竞争力。

电力技术和电力经济之间是协调发展的。一方面，电力经济的发展，脱离技术进步是不能长久的；另一方面，电力技术的进步，必须建立在雄厚经济实力的基础上。因此，电力技术和电力经济只有协调发展才能取得良好的经济效果。

第二节　电力产业技术与发展战略

一、煤炭发电技术的进展

目前，火力发电技术的主要发展方向是高效、清洁。超临界火电机组效率高，可靠性好，环保指标先进，可复合变压运行，调峰性能好，目前已广泛应用。洁净煤发电技术也得到了快速发展。洁净煤发电技术主要有常规煤粉发电机组加烟气污染物控制技术、循环流化床燃烧、增压流化床燃烧，以及整体煤气化联合循环等。

（一）超临界发电技术

超临界压力机组技术是当今世界上一项既成熟又在发展中的火电技术，其效率较亚临界机组有大幅度提高，具有节能和环保双重效益。

对于现代化的大型电站锅炉，一般采用提高蒸汽的压力、温度和采用中间再热技术来提高发电效率。其中，提高蒸汽参数是最有效的途径，潜力也最大。石洞口二厂 600 MW 超临界机组设计热耗为 7648 千焦/千瓦时，而平圩电厂 600 MW 的亚临界机组的设计热耗为 8005 千焦/千瓦时。参数提高，热耗降低 357 千焦/千瓦时。一般认为 24.1 MPa，538

℃/538 ℃的机组比 17.1 MPa，538 ℃/538 ℃的亚临界机组可提高 2.0 %~2.5 %；31 MPa，566 ℃/566 ℃的机组比亚临界机组可提高 4 %~6 %。超临界蒸汽循环发电技术与现有亚临界技术几乎相同，技术成熟度和设备可利用率相当高，电厂成本相当。与现有亚临界电厂相比，超临界电厂每单位发电量 CO_2 排放量降低 15%左右。在采用现代烟气净化设备后，SO_2、氮氧化物（NO_x）及粉尘排放能满足很高的环保标准，采用超临界机组还可以有效减低各种污染物的排放。此外，现代超临界机组还具有较好的热机动性，通常采用复合变压运行方式，在低负荷下机组仍能保持较高的效率，对于两班制运行的机组，深夜停机后从点火到满负荷的启动时间为 3 小时左右；负荷变化速度在 40%~100%，负荷之间为 5%/分钟左右，调峰性能好。

（二）常规燃煤发电机组加烟气净化

常规燃煤发电机组要达到洁净发电，必须在系统中增加烟气净化设备，通过烟气脱硫、脱硝和除尘，达到降低 SO_2、NO_x、和烟尘排放的目的。发达国家大型燃煤锅炉都配备效率达 95%以上的湿法烟气脱硫设备，中小锅炉也采用经济可行的炉内喷钙及增湿活化脱硫工艺。我国目前在燃煤锅炉电站烟气脱硫方面有较大差距，先后引进了几套燃煤电厂的脱硫装置，但引进设备价格贵、运行成本较高。国内进行了许多脱硫技术的研究开发，出现了具有自主知识产权的循环流化床烟气脱硫、湿法烟气脱硫、新型电子束-半干法烟气净化等工艺，但总体上还属于起步阶段。

国外大多在大型锅炉上安装低 NO_x 燃烧器，使 NO_x 排放水平控制在 500 mg/（N·m³），降低 40%左右。对于挥发份较高的煤种，采用低 NO_x 燃烧器配合空气分级燃烧，最大可降低 60 %~70 %的 NO_x 排放量，但对低挥发份煤种的效果有限。国外新研制的再燃烧技术可以大幅度地降低 NO_x 排放量，并且对主燃料的煤种适应性广。该技术是美国能源部洁净煤技术的一项重要成果，正在美国电站煤粉锅炉上进行大面积推广。国产引进型 300 MWe 以上机组都装有低 NO_x 燃烧器，基本能符合当前排放标准，而 300 MWe 以下机组尚无脱硝控制措施。国内还没有采用再燃烧技术降低煤粉锅炉 NO_x 排放的系统研究报告或工业示范。一些高校和科研院所从稳燃角度出发，开发设计出一些新型浓淡燃烧器，具有良好的 NO_x 减排特性。

发达国家大型燃煤锅炉都配有 5 个甚至更多个电场的高效电除尘器或多室的布袋除尘器，除尘效率达到 99.9%。我国近年来建设的大型燃煤锅炉一般配 3~4 个电场的电除尘器，效率低于 99%，大量中小火电机组的除尘设备落后。

（三）循环流化床燃烧（CFBC）

循环流化床锅炉可以高效率地燃烧各种燃料（特别是劣质煤），通过加入脱硫剂控制

燃烧过程中 SO_2 的排放，流化床低温燃烧也控制了 NO_x 的生成。20 世纪 70 年代以来，国际上 CFBC 的大型化取得了长足进步，现有 CFBC 锅炉的容量已经发展到电站锅炉的等级，250 MWe 的循环流化床在法国已投入商业运行，300～400 MWe 等级循环流化床锅炉已签订合同。大型循环流化床锅炉已走向技术成熟阶段，发展大容量、高参数（超临界）循环流化床锅炉有可能成为一个新的发展方向。

我国 CFBC 技术的研究开发基础较好。采用自有技术开发，已具备设计制造 410 t/h 以下等级循环流化床锅炉的能力，占据国内大部分 75 t/h 等级以下的循环流化床锅炉市场。国内已经启动自主技术的 150 MWe 等级超高压再热和引进 300 MWe 等级 CFBC 锅炉示范工程。

（四）增压流化床燃烧（PFBC）

PFBC 除具有与 CFBC 相似的优势外，增压流化床燃烧产生的高温烟气经过除尘，进入燃气轮机做功，由此构成增压流化床燃烧联合循环（PFBC-CC）。其发电能力比相同蒸汽参数的单汽轮机发电增加 20%，效率提高 3%～4%，特别适于改造现有常规燃煤电站。蒸汽循环还可采用高参数包括超临界汽轮机以提高效率。

目前世界上已建成的 PFBC-CC 电站有 8 座，除一座电站容量为 360 MWe 外，其他电站容量为 80～100 MWe 等级。但第一代 PFBC-CC 技术受到流化床燃烧温度的限制，采用两级高温旋风分离除尘后的烟气含尘浓度仍然较高，因此不能采用已有的高温、高效常规燃气轮机，联合循环供电效率难以进一步提高。

第二代 PFBC（PFCB-CC）技术采用部分气化和前置燃烧的方法把燃气轮机的入口温度提高到 1100～1300 ℃，同时可采用超临界蒸汽参数，使联合循环效率有可能达到 45%～48%。对于第二代 PFBC-CC，我国已进行了部分关键技术的初步研究，如喷动流化床部分气化炉、低热值煤气燃烧室、过滤式高温除尘器等。在煤炭热解气化、流化床燃烧、高温煤气和烟气净化技术的试验研究方面已有大量的工作基础，现有水平 PFBC-CC 示范电站与国外相关研究开发相比，差距并不是太大。在国家重点基础研究发展规划的资助下，国内相关研究单位联合起来，正在进行煤热解、气化和高温净化过程的基础性研究，项目进展较好。

（五）整体煤气化联合循环（IGCC）

IGCC 发电技术通过将煤气化生成燃料气，驱动燃气轮机发电，其尾气通过余热锅炉产生蒸汽驱动汽轮机发电，构成联合循环发电，具有效率高、污染排放低的优势。但其系统复杂、投资高。IGCC 需要与电能、热能、城市煤气以及化工产品的生产相结合，构成以煤气化为基础的多联产后，才能使不利因素转化为有利条件。IGCC技术已走过了概念验证和技术示范运行阶段，目前已进入250~300 MWe大容量机组的商业示范阶段。世界上主要的煤气化工艺和燃气轮机技术均进行了示范，煤气化、油气化和煤油混合气化及多种燃料供给方式都有示范经验。

二、核能发电技术的进展

世界各国都十分重视核电技术的开发。随着世界能源价格的上涨，核电的优势得到了体现。目前，第三代核电站已开始进入商业运行阶段，如东京电力ABWR已运行了10年。与此同时，美、英、德、瑞士、日、法等十国邀请中国参加，共同合作研究具有固有安全性，满足可持续发展，并且更加经济的第四代技术。

核燃料、慢化剂和冷却剂是核反应堆的主要材料，这三种材料不同的组合，产生出各种堆型。以普通水做慢化剂的轻水堆（压水堆和沸水堆）是目前使用最多的堆型，占到所有核反应堆的近80%。此外，还有重水堆（只有加拿大发展的坎杜型压力管式重水堆核电站实现了工业规模推广，我国秦山三期即引进加拿大技术）和石墨堆。就冷却剂而言，有水冷和气冷之分。

为研制出具有更好的经济性、安全性、核废物处理能力和防止核扩散的新一代核能系统，美国、加拿大、日本、法国、德国、俄罗斯、南非都在积极进行新堆型的研制。

（一）水冷堆

目前，轻水堆本身是很安全的，但过多地依赖于操作和维护，在确保持续运行的安全性方面仍存在隐患，对于技术水平较低的发展中国家尤其明显。因此，发达国家开发的新型核电技术都着力提高安全性能，如具有更多的"非能动"安全特征，不必通过主动控制或操作干预来避免核事故。

（二）气冷堆

高温气冷堆是一种安全性好、发电效率高、系统简单的先进反应堆堆型。它的用途广泛，除了发电外，还可进行煤的液化和气化、稠油热采、制氢等，有着良好的应用前景。南非国营电力公司（ESKOM）开发的球床模式高温气冷堆（PBMR）是被专家公认为最有希望满足新一代核能系统要求的堆型，与我国的高温气冷实验堆的原理相似。PBMR单机热功率为265 MW，输出电功率是110 MW，热效率可达42%~50%。使用球状燃料，直径60 mm的石墨球中分散有15000颗直径为0.5 mmUO_2颗粒，颗粒外包覆耐高温碳化硅等涂层后，直径达1.0 mm。在直径为3.5 m的立式圆筒状结构中，内装33万颗石墨球燃料。

采用惰性氦气作为冷却剂。事故状态下，堆芯热量的导出采用非能动方式，排除了堆芯熔化事故，安全性好。由于 PBMR 采用低浓铀燃料（原子弹必须用高浓铀），符合美国极力推行的核不扩散政策，所以，美国支持 PBMR 商业化，尤其是在发展中国家推广。

三、可再生能源发电技术的进展

由于世界范围内的能源紧张和对环境保护的重视，以及化石类燃料的价格不断上升，进一步推动了各国重视可再生新能源发电技术的研究与发展。围绕太阳能、风能、生物质能等大型化、高效率、系统化和低成本等目标，开发了许多新发电技术并已开展产业化应用。

可再生能源发电技术主要有风力发电、生物质能发电、太阳能发电、地热能和海洋能发电。

第一，风力发电在于通过风电机把风能转变为电能，2002 年安装的最大样机是 E112 型机组，风轮直径达到 112 m，额定功率 4.5 MW。

第二，生物质直接燃烧发电技术已基本成熟，适用于生物质资源集中的区域大规模发电，生物质气化发电是更洁净的利用方式，数兆瓦级的生物质气化发电已进入商业示范阶段，它适合于生物质的分散利用，投资较少，发电成本也低；大规模生物质气化发电类似于煤气化燃气—蒸汽联合循环发电（IGCC）技术，发电效率和综合热效率高。

第三，太阳能光伏发电是利用半导体材料的光生伏特效应原理直接将太阳辐射能转换为电能的技术，商品化的光伏电池效率已经提高到 13%～15%；太阳能热发电是利用集热器将太阳辐射能转换成热能并通过热力循环过程进行发电，也是太阳能热利用的重要技术。

第四，地热发电是根据地热资源的类型直接或间接地产生工作蒸汽驱动汽轮机发电，2002 年全世界地热发电累计装机容量已达到 8000 MW。

第五，潮汐能发电是海洋能利用中发展较早、规模较大、技术较成熟的一种，它利用潮水涨落产生的水位差所具有的势能来发电，把海水涨落潮的能量变为机械能，再把机械能转变为电能（发电）的过程；波浪能和潮流能发电主要是利用海水流动的动能和势能发电。

国内外可再生能源发电技术的发展方向都是提高发电效率、降低发电成本、提高装置的使用寿命、保证电力品质。除了单项发电技术以外，风—光电互补、生物质气化热电联合循环、海洋能和海洋风能联合发电系统等集成型可再生能源发电系统，也都具有很大的实用价值和市场前景。

四、输变电设备技术的进展

国际输变电设备注重可靠性和系统性。电网设备向超高压、大容量方向发展；城网设备向紧凑型、无污染、高可靠、智能化、组合化方向发展。国内外输变电类产品总的发展方向为：大容量、超高压、组合化、无油化、智能化、抗短路、高可靠和免维护。

（一）三相高压交流输电

在可预见到的未来，三相高压交流输电仍将是输电和联网的主要方式。20世纪70年代以前主要靠提高电压来增加线路输电能力。到目前为止，商业化运行的交流输电工程最高额定电压为765 kV（800 kV等级）。然而近20年来输电电压的发展出现了明显的饱和趋势。在特高压输电的工程应用前景不明朗的情况下，交流输电发展的重点已转向采用新技术提高线路输送能力、提高线路的使用效率和线路走廊利用率等。

随着大型复杂互联电网的出现，如何使电网更加有效、如何提高输电线路的使用效率成为世界各国研究的重要课题。传统的交流电网的参数（阻抗、电压、相位等）是不能大幅度连续调节的，而实际运行中的电力潮流分布又由电路定则决定，因此，电网内部线路及联络线在运行中实际的潮流分布与这些线路的设计输送能力相差甚远；一部分线路已过载或接近稳定极限，而另一部分线路却被迫在远低于线路额定输送容量下运行。这就是说，由于电网的"木桶效应"，一部分线路有电送不出，而另一部分线路却无电可送。另外，电网作为电力市场的物质载体，即发电厂和电力用户间电力交易的渠道，也需要满足对电力潮流灵活调节控制的要求。这就提出了灵活调节线路潮流、突破瓶颈限制、增加线路输送能力，以充分利用现有电网资源、提高线路使用效率的要求。发达国家由于环保的严格限制，新建输电线路十分困难，使得这一要求显得更为迫切。显然，依靠常规的电力技术难以解决这种问题，需要研究发展新的技术。

（二）灵活交流输电

灵活交流输电（FACTS）的概念是20世纪80年代末期由美国电力研究院（EPRI）提出的。FACTS技术改变了传统交流输电的概念，将使未来的电力系统发生革命性的变化。它应用现代电力电子技术与现代控制技术，实现了交流输电系统的阻抗、电压、相位的灵活快速调节，达到大幅度提高线路输送能力的目的。电力电子技术的快速发展为FACTS技术的实用化创造了条件。近年来，可控整流器、可关断器件的开断能力不断提高。100 mm直径的晶闸管的耐压已达到6~10 kV的水平，通过电流已达到6 KA以上，6 kV6 KA的可关断晶闸管（GTO）已有商品。单个电力电子器件的开断能力已达到30~40 MW的水平，使电子开关用于高电压、大功率的输配电一次系统成为可能。

（三）高压直流输电

高压直流输电是应用换流技术将交流电转换为直流电输送到落点处再逆变为交流的一

种输电技术。它的优点包括：①可以用来实现异步联网；②在输电距离超过临界距离时比交流输电更经济；③利用相同的线路走廊可比交流输送更多的电力；④适合于跨海送电；等等。

端对端直流输电已是一项成熟的远距离输电技术。全球已建成 57 个直流输电工程，10 项正在建设中，主要用于联网、远距离输电和跨海送电等。端对端的直流输电犹如没有出口的直达高速路，线路不能中途落点。它对受端电网的容量、落点在同一负荷区的多条直流输电线路之间的电气距离等有严格的要求。因此，现在的直流输电技术的应用范围受到一定的限制。

新一代直流输电系统正在研究开发之中。新系统有望大幅度简化设备，减少换流站的占地，降低造价。由于采用可关断的电力电子器件组成换流器，换流过程不受端系统短路容量的影响，新系统不会出现换相失败和多条直流输电线路落点在同一负荷区时发生的相互影响等问题。新一代的直流输电技术实用化的关键在于电力电子技术的突破和造价的大幅度降低。

五、电力产业发展战略

"电力产业是国民经济的基础性支柱产业，对国民经济的影响涉及到方方面面，电力发展战略是国家可持续发展战略的重要组成部分。"[①] 作为重要的基础能源产业和关系国计民生的公用事业，电力产业迫切需要不断完善产业发展战略。通过制定切合实际和具有指导意义的发展战略，调整产业结构，指导行业稳定、健康发展，是电力产业政策制定的根本出发点。电源结构调整是电力工业结构调整的重中之重，电源结构合理化，决定了电力系统结构的合理化，决定发电资源的有效利用，水资源和环境资源的合理配置决定了电力工业的经济性。目前，对电源结构优化有种种看法，应当理清思想，统一认识。

（一）电源结构的基本情况

1. 我国电源结构的基本格局

我国一次能源结构决定了我国发电必然以煤电为主的基本格局，这是短期很难改变的，也是我国和国际一次能源利用现状迥异的显著特征。

粗略估计，2030 年前，我国发电设备容量要达到 15 亿 kW，即使把经济可利用水能资源全部开发出来也不过 2.9 亿 kW，加上抽水蓄能电站也不可能超过 4 亿 kW，风能和太阳

---

①何永秀，魏佳佳，王巍．中国电力产业发展战略和创新体系研究 [J]．电力建设，2007，319（04）：90.

能发电开发 1 亿 kW，由于风能、太阳能发电具有间歇性，不可能保证供电；油气资源短缺不可能大量用于发电，且缺乏经济性，因此燃煤电厂有可能要达到 10~11 亿 kW，煤电占主导地位的格局将长期维持。

从环境保护的角度来看，如果阻碍了煤电的发展，又没有其他发电能源可以替代，分散燃煤将会成为一个严重的问题。显然，分散燃煤终究不如由大型火电厂集中燃煤，因为发电厂是最能干净利用煤炭的，将更多的煤炭转换成电力使用，不仅有可能解决煤炭利用引起的环境污染，而且有可能节约能源。

2. 电力产业政策对电源结构的影响

电力产业政策对电源结构有着重要的影响。电源结构指的是电力系统中各种能源的组成比例和分布情况，包括传统能源（如煤炭、天然气和石油）以及可再生能源（如水力、风能、太阳能和生物质能等）。电力产业政策对电源结构的影响具体有以下五点：

（1）能源政策指导。电力产业政策可以通过能源政策的指导，调整和引导电源结构。政府可以制订具体的能源规划和目标，鼓励和支持可再生能源的发展和利用，推动清洁能源在电力生产中的比重增加。

（2）法律和法规支持。电力产业政策通过法律和法规的制定，对不同能源的开发和利用进行规范和引导。政府可以设定可再生能源配额、优惠政策和补贴措施，以鼓励和支持可再生能源的发展，同时对传统能源进行环境保护和排放控制。

（3）市场机制设计。电力产业政策可以通过市场机制的设计，影响电源结构的优化。政府可以引入市场化机制，如碳排放交易、可再生能源证书和电力市场竞争等，以经济手段调节不同能源的供求关系，推动清洁能源的发展和利用。

（4）技术研发和推广。电力产业政策可以通过技术研发和推广的支持，促进新能源技术的应用和推广。政府可以加大对清洁能源技术的研发投入，提供研发经费和税收优惠，推动新能源技术的突破和市场应用，从而改变电源结构。

（5）国际合作和交流。电力产业政策可以通过国际合作和交流，促进清洁能源的引进和利用。政府可以与其他国家和地区进行能源合作，引进先进的清洁能源技术和设备，推动清洁能源在电源结构中的比重增加。

电力产业政策对电源结构有着重要的影响。政府通过能源政策、法律法规、市场机制、技术研发和国际合作等手段，调整和引导电源结构，推动清洁能源的发展和利用，实现可持续能源供应和环境保护的目标。

（二）制定电力产业发展战略的指导思想及原则

1. 指导思想

坚持以科学发展观统领经济社会发展全局。发展必须是科学发展，要坚持以人为本，转变发展观念，创新发展模式，提高发展质量，把电力产业发展切实转入全面协调可持续发展的轨道。在这个思想的指导下，以煤炭发电为基础，水电、气电、核电、新能源发电全面推进是未来中国电源结构的必然选择。

2. 基本原则

（1）资源和电源结构规划相结合。电源结构优化要建立在我国资源的基础上，注意发电能源资源、水资源等因素的综合协调。我国的国情是人口众多，发电能源资源和水资源相对贫乏，以煤为主的能源结构造成了环境污染。因此，能源结构的优化调整需要综合考虑，资源和电源结构规划相结合。

（2）持续发展和协调发展相结合。建立环境友好的能源结构是中国能源可持续发展的长期任务，也是中国社会经济发展和环境保护的必然要求。

（3）供应侧和需求侧规划相结合。电源结构优化应当从供应侧和需求侧的综合资源规划来实现。把电力需求看作可变的，需求可以通过电力需求侧管理来改变电力的需要数量，改变负荷曲线的形状，通过供应侧和需求侧的互动，达到最优的电源结构和需求结构。

（三）优化电源结构的重点

1. 总体结构

为了实现电力工业全面、协调和可持续发展的战略目标，在今后相当长一段时期，要求不断优化电力结构，加强电网建设，大力发展水电，优化发展煤电，积极推进核电发展，适度发展天然气发电，加快新能源发电。

（1）大力发展水电。中国的水力资源开发程度低，开发前景广阔。水电是国家鼓励优先发展的产业，水力发电利用的是可再生的洁净的水力资源，符合中国正在实施的可持续发展战略。

第一，水电是一种重要的可再生能源和洁净能源，是应该优先开发利用的能源资源。在世界上，各国大多是率先开发和利用水电资源，待水电开发到一定程度后，才转向大规模地开发其他发电能源。水电开发作为水能资源丰富国家的重要基础产业，对充分利用和保护国土资源、改善生态环境、实现经济和社会的可持续发展有着积极的作用。

第二，水电开发是有益于环境保护的生态工程。水电开发是人类改造自然、利用自然的重要活动，科学、合理地规划与开发水电有利于环境保护，实现人与自然的和谐统一。开发水电不仅可以替代矿石能源——这本身就是对矿石能源的节约，而且对减轻煤炭、石油大量消耗给环境造成的污染压力贡献巨大。

第三，水电开发是重要的江河治理途径。中国降雨时空分布不均，水旱灾害频繁，重要原因是江河综合治理程度不高，大江大河上游缺乏控制性工程。水电开发是水资源综合利用的重要内容，大江大河的中上游都是水能资源集中的水电基地，结合江河治理和防洪，开发大江大河中上游的水能资源，修建控制性水利枢纽工程，可以大大减缓中下游的洪涝灾害，还可以发挥灌溉、供水、航运、跨流域调水、水土资源开发等多种效益。

在大力发展水电的过程中，要将水资源开发利用与扶持和促进中西部地区经济发展密切结合，与负荷分布密切结合，与电网建设密切结合；集中资金开发调节性能好、水能指标优越的大型水电站和因地制宜分散开发中小型水电相结合；实现流域梯级滚动综合开发的发展机制和政策。

（2）优化发展煤电。由于我国煤炭资源丰富，以煤炭为主要资源的火力发电一直是我国发电的首要组成部分，但今后的发展要以优化煤电产业内部结构为主。煤炭的污染问题可以采取洁净煤技术予以解决。如美国是世界上的煤炭生产和消费的第一大国，煤炭的大量利用并没有造成明显的环境污染。用现代成熟技术可以把燃煤产生的烟尘、二氧化硫和氧化氮除去99%。

优化发展煤电的目标体现在很多方面。加强电源结构调整，限制小火电发展。新建火电厂一般都要使用单机容量在30万kW及以上的高参数、高效率的机组；发展坑口电站，变输煤为输煤与输电并举，减轻运输压力；在港口、路口、负荷中心建设电厂，适应电网安全稳定运行的需要，提高供电的可靠性；支持鼓励发展热电联产；开发环保技术，促进脱硫等环保设备的国产化，开展洁净煤技术的试验和示范工程；适当发展燃气蒸汽联合循环电站，提高效率，减轻环境污染。

（3）积极发展核电。要解放思想，解除人为制约，放手发展核电，使我国核电走上大规模商业化发展的轨道。尽可能使新开工规模超过千万千瓦，而且要形成核电连续快速开工建设的机制。

第一，核能资源具有持久性的特点。核能包括重核的裂变能和轻核的聚变能。目前已经商用化的是热中子堆，将要实现商用化的是快中子堆技术。将来聚变能一旦实现商用化，则将为人类提供无穷无尽的洁净能源。

第二，核能资源具有很好的经济性。我国核电处于起步阶段，其发电成本略高于煤电。这种情况将随着我国核电的规模化、国产化和标准化而改善。美国大多数核电站核电成本低于 2 美分/千瓦时，相当于或低于煤电的成本。其他如法国、日本、俄罗斯等大多数国家，核电的发电成本均低于煤电。

第三，核能发电的安全性在不断改善。近年来，核电技术获得了不断改进，已经发展成为一种成熟的技术。

第四，核能发电能够保证国家安全利益。在当今复杂多变的国际形势下，核威慑力是保持我国核大国地位、保障我们国家安全的重要基石。众所周知，核能技术是"军民两用"技术，各国核力量的发展均采用"寓军于民"的做法。

（4）加快新能源发展。我国的资源形势十分严峻，因此，正确把握我国可再生资源综合利用的趋势，对于我们加强资源合理利用，发展以资源循环利用为核心的循环经济都具有十分重要的意义。

发展新能源产业是保障我国能源安全的客观需要。从近几年的实践来看，能源供给紧张可能是我国经济发展在较长一段时间内无法回避的问题。随着经济发展，能源储量与未来发展需求之间的缺口可能会越来越大，加强能源供应的任务十分艰巨。因此，从长远来看，发展新的能源是扩大能源总量，保持我国经济持续增长的客观需要。

发展新能源产业是改善能源结构的客观需要。这种结构不仅受到资源有限性的约束，而且开采本身还容易对资源和环境造成破坏。大力发展新能源和可再生能源有利于改变这种不合理的能源供应结构，化解能源结构单一造成的风险，并减少由此带来的一系列问题。

发展新能源产业是保障环境友好的客观需要。在世界各国经济社会发展的过程中，环境约束对能源战略和能源供求会产生十分重要的影响，发展新能源是我国对世界发展履行一个大国责任的体现。

2. 电源内部结构

（1）水电内部结构。我国的水能资源没有得到充分的开发利用，水电布局不合理，调节性能好的大型水电站比重偏小。因此，在我国水电的发展中，主要应开发调节性能好的、水能指标优越的大型水电站，重点开发西部水电。

重点开发长江中上游及其干支流、红水河、澜沧江中下游、乌江和黄河上游等流域的水电资源，改善水电电源结构。改革开放以来，虽然我国一直坚持"积极发展水电"的方针，但水电所占的比例却一直徘徊不前，其主要原因之一是有些具体的政策背离了发展方针。

第一，税负偏重。根据现行税制政策，大中型电力企业适用的增值税税率对水电企业来说相对较高。由于水电厂购进的原材料相对较少，进项税可抵扣份额较低，导致实际增值税负担较重，这对水电企业的经营造成了一定的压力，与之相比，火电厂的增值税税率较低；水电站大多有综合利用效益，应免交耕地占用税；水电建设将当地的沙石料用于建坝建厂房，无经营行为，应免交矿产资源税。由于税制政策没有充分考虑水电企业的生产特点，加重了水电企业的负担，抑制了水电行业的开发和发展。

第二，水电工程建设费用没有合理分摊。水电工程浩大，除发电以外，还表现出一些其他的综合效益和社会效益，而投资还贷的任务却主要由水电企业承担，加重了他们的负担。

第三，水电厂上网电价偏低，不利于老电厂的技术改革、归还贷款。

（2）火电内部结构。

第一，我国火电机组的技术水平和经济性能偏低，结构矛盾突出。在火电装机容量中，常规小火电机组比例仍过大，单机容量偏小，125 MW 以下机组占总装机容量的33.9%，100 MW 以下机组占 26.4%，50 MW 以下机组占 17.1%，25 MW 以下机组占10.4%，300 MW 及以上机组占 38.3%，而发达国家一般都大于 50%。

第二，加大关停小火电力度。国家将逐步关停能耗高、效率低、污染大的小火电机组。对于实施关停的小火电机组，自规定关停之日起，电网企业不再收购其电力电量，燃料企业不为其提供燃料，银行及有关金融机构不为其提供贷款，土地将转为其他用途，交通运输部门不予安排运力，水资源管理部门应将用水指标转为他用。对于实施关停的小火电机组，关停后要就地拆除报废，不得易地使用。关停小火电机组与老旧机组替代改造项目核准挂钩，凡不按关停要求关停小火电机组的地区，不核准相关的扩建改造项目。

第三，适度发展天然气热电联供。在有天然气供应的城市，为改善环境，应当逐步关停燃煤的热电厂，在寒冷地区城市中代之以小型分散热电厂，在中部地区代之以小型分散的冷热电联供电厂。天然气应当尽量供民用和小型热电联产和小型冷热电联供，不要用于大型发电厂和大型热电厂。

（3）新能源发电内部结构。

第一，努力增加风力发电比重。近年来，我国风力发电取得了一定的发展，但其发展速度尚不够快。其中存在的主要问题是对风电的认识还不够，未将其视为我国可再生能源发展的重要组成部分。考虑到我国东部近海地区的潜力，其风力发电的总规模无疑将远远超过可利用的水力资源。

此外，目前我国大型风电设备基本上依赖进口，设备价格较高，投资成本较高。为了偿还贷款，风电的上网电价远高于煤电，在市场上缺乏竞争力。与此相比，一些风电发展较为成熟的国家，风电的电价普遍低于煤电。然而，如果我们能够在国内制造风电设备，并且拥有一定的生产批量，设备价格有望降低约一半，平均每千瓦的总造价可以降至 5000元以下。这样一来，风电的上网电价将低于煤电，从而推动风电产业的大规模发展。

第二，积极跟踪世界太阳能发电技术。我国多数地区年日照时间都超过 2000 小时，而在西北一些地区，年日照时间超过 3000 小时。世界上光电技术及其所用材料进步很快，光电材料成本快速下降，光电转换效率不断提高，从而使太阳能发电成本大幅度下降。

第三，合理引导农村沼气发电。为提高建设沼气的经济性，可采用夜间把沼气储存在气包里，白天用它发高峰电的方式。电网缺乏的是高峰电量，这样经济效益会更好。最好在农村就地发电，鼓励农民直接用电来做饭、取暖和制冷。农民用电，多是在供电末端，利用沼气就地发电可减少大电网的供电量，相应地减少线损，节约能源。

第三节　电力投资布局及设想

一、电力投资布局及基本原则

（一）电力投资布局的指导思想

电力投资布局应全面贯彻和落实科学发展观，在全国范围内统筹考虑电力投资布局，促使电力投资布局与经济、社会和环境协调发展，按照统一规划、合理布局、协调发展的要求，形成开放、规范、有序的电力投资新格局。

（二）电力投资布局的基本原则

1. 综合效益原则

我国电力资源丰富的地区主要集中在西南、西北等经济相对落后的地区，而电力需求量大的地区主要集中分布在东部沿海地区，电力供需存在比较严重的空间错位。因此，在电力投资布局的时候，要综合考虑运输能力、输电技术、生态环境、资源分布等可能影响电力投资布局的因素，以取得最大的综合效益。

2. 结构优化原则

在电力投资布局过程中，要不断优化结构。水电是可再生的清洁能源，具有早开发早收益的特点，积极发展水电，提高利用效率，有利于生态环境保护，促进我国可持续发展。在电力投资布局过程中，要优先开发调节性能好，经济技术指标优越，有利于改善区域生态环境的大中型水电工程。在条件适合的地方布局大型火电，同时，不断推进其他能源发电投资的空间布局。

3. 保护生态环境原则

我国电力投资的空间布局，必将对所在区域产生重大的生态环境影响。尤其是火电投资布局，对所在地环境的影响更大。在今后的电力投资布局过程中，要坚持保护生态环境的原则，尽可能将对生态环境的不利影响降到最低，以推进所在区域的可持续发展。

4. 市场导向原则

随着我国电力市场的逐步健全，开放、规范、有序的电力投资新格局正在形成。在电力投资布局过程中，要坚持市场导向原则，彻底消除区域间壁垒，加快建设竞争有序、开放的区域电力市场，充分利用市场机制优化电力投资的空间布局。

二、我国电网骨架及"西电东送"对电力投资布局的影响

（一）电源投资布局重点

"西电东送"工程包括三个主要送电通道：一是将贵州乌江、云南澜沧江和桂滇黔三省交界的南盘江、北盘江、红水河的水电，以及云南和贵州的坑口火电开发出来送往广东，形成南部通道；二是将金沙江干支流（雅砻江、大渡河）水电送往华东地区，形成中部通道；三是将黄河上游水电和陕西、山西、蒙西地区坑口火电送往京津唐地区，形成北部通道。上述三个电源区将成为我国电源投资的重点区域。

1. 中部通道电源投资布局重点

中部通道是指连接我国中西部地区与长江流域的重要通道，该区域的水力资源丰富，特别是川、滇、藏边界的金沙江以及四川境内的众多河流拥有巨大的水能潜力。因此，中部通道被确定为未来一段时期内我国投资布局的重点区域之一。随着我国经济的快速发展，对能源的需求不断增长。水电作为清洁、可再生的能源形式，在我国能源结构调整和碳减排方面发挥着重要作用。然而，水电站建设时常常伴随着淹没经济损失，因此在开发水力资源时需要综合考虑经济、环境和社会的可持续发展因素。对于四川省而言，其水力资源丰富，拥有巨大的开发潜力。在经济条件允许的情况下，应尽快开发四川经济可开发的水力资源。这不仅可以满足当地的能源需求，还可以为周边地区提供电力支持，促进区域经济的发展。

在水力资源的开发过程中，需要注重科学规划和综合考虑，确保开发的可持续性和环境友好性。应采取有效措施，减少淹没经济损失，提高水电站的建设效率和运行效益。同时，需要注重生态保护，确保水生态系统的健康和生物多样性的保持。

为实现水力资源的快速开发，需要政府、企业和社会各方的共同努力。政府应制定相关政策，提供支持和引导，鼓励投资者参与水电站建设。企业应加强技术研发和管理能力

建设，提高水电站建设和运维水平。社会各界应加强宣传和意识提升，增强对水力资源开发的理解和支持。

2. 南部通道电源投资布局重点

南部通道以开发西南地区的水电为主、火电为补充，向广东等东部用电负荷中心送电。具体包括：开发贵州的火电以及乌江流域的水电，云南的澜沧江、川滇边界的金沙江等流域的水电以及相应火电，广西红水河的水电以及南部的燃气电站，这些地区将成为我国今后在南方地区电力投资布局的重点地区。

（1）贵州电源布局重点。贵州电力供应具有水电与火电互济的特点，是"西电东送"南通道中的主要电源供应基地之一，是我国西电东送南通道中重要的电源布局点。贵州煤炭资源丰富，具有储量大、煤种全、埋藏浅、分布集中、含硫低、组合好的优点。贵州水能资源具有分布均、造价低、发力高、区位优的特点，境内的重点河流也是今后西电东送电源布局的重点区域。水能资源主要集中在乌江、南盘江、北盘江、清水江、赤水河上，这四江一河上水位落差大的河段比较多，开发条件优越。

（2）云南电源布局重点。云南的电力供应以水电为主并辅之火电，具有良好的资源条件，尤其水电是今后西电东送电源布局的重点区域。云南水能资源集中于金沙江、澜沧江、怒江、南盘江、红河、伊洛瓦底江六大水系，对于建设以水电为主、火电为辅的能源基地，提供了良好的资源条件，是今后电力投资布局的重点区域。

（3）广西电源布局重点。广西水电资源丰富，是我国西电东送电源的重要组成部分，也是今后投资布局的重点区域。其中，红水河的水能总装机容量为 1232 万 kW，年发电量可达 603 亿 kW·h，红水河成为西电东送南通道重要的水电基地。

3. 北部通道电源布局重点

北部通道电源主要是开发内蒙古西部、山西、陕西的煤电基地，新建和扩建坑口电站，并开发黄河上游的水电站，然后将电力送往电力负荷中心京津唐地区。上述地区将成为今后我国西电东送北通道电源布局的重点区域，煤种齐全，煤质优良，煤炭生产已具相当规模，其产量大，调出量大，消费量小。"西电东送"北通道工程开工将充分利用煤炭资源的优势，真正实现"煤从空中走"的战略目标。

（二）电网投资布局重点

电网投资布局要紧紧结合西电东送电源布局建设，不断增加外送能力，确保能够将西电东送电源点的电力输送到东部电力紧缺地区，重点要抓紧做好以下跨区联网工程的开工建设：

1. 三峡输变电工程

三峡输变电工程位于中国湖北省宜昌市，作为三峡水电站的配套工程，其规模宏大、技术复杂，旨在将三峡水电站所产生的巨大电力输送到全国各地，进一步提高中国电力系统的稳定性和可靠性。该工程主要包括高压输电线路、变电站和相关设备的建设。

三峡输变电工程的高压输电线路是实现长距离电力传输的重要通道。通过采用先进的输电技术和高效的电力输送方式，将电能输送到遥远的终端用户。这一工程采用了特高压输电技术，使得输电损耗大幅降低，提高了电力传输效率，同时，减少了对环境的不良影响。

在电力领域的发展中，输变电工程扮演着至关重要的角色。作为中国电网投资布局的重点项目之一，三峡输变电工程在中国电力发展史上具有里程碑的意义。该工程的建设与发展不仅为国家能源结构优化、电力供应安全和区域协调发展提供了强有力的支撑，而且对中国电力行业的技术创新、设备制造和运维管理水平的提升起到了积极的推动作用。

2. 西北与华中联网工程

西北地区和华中地区是中国的重要能源生产和消费区域，两地的电力资源分布具有互补性。然而，由于地理和技术条件的限制，两个地区的电力系统长期以来相对独立运行，导致资源利用不充分，电力供应不均衡的问题。为了解决这一问题，西北与华中联网工程应运而生。

该工程的主要目标是通过建设高压输电线路和相关变电站，实现西北地区和华中地区电网的物理互联和电能互通。通过互联互通，两个地区的电力资源可以得到优化配置，实现跨区域的电力供需平衡，提高电力系统的稳定性和可靠性。

西北与华中联网工程的建设不仅仅是一项基础设施建设，更是电力行业技术创新和协同发展的重要推动力。通过引入先进的输电技术和智能化的设备，该工程提高了电力输送效率，降低了输电损耗，减少了对环境的影响。同时，工程的建设也促进了电力行业的装备制造和技术水平提升，推动了电力系统的智能化、自动化和数字化发展。

3. 华中与华北联网工程

华中与华北联网工程是我国电网发展的重要战略之一。该工程旨在实现华中地区与华北地区电力系统之间的互联互通，促进电力资源的优化配置和电力供应的可靠性。它是我国电网跨区域联网建设的重要组成部分，具有重要的经济和社会意义。

华中与华北联网工程将有助于提高电网的供电能力和供电质量。通过联网，两个地区的电力系统可以实现互相支援和协调，使电力供应更加稳定可靠。在电力需求高峰时，可以通过调度和调配电力资源，满足不同地区的用电需求，降低电力供应压力，提高电网的供电能力。

华中地区拥有丰富的水力、风力等可再生能源资源，而华北地区则以煤炭资源为主。通过联网，可以将华中地区的可再生能源输送到华北地区，减少对煤炭等传统能源的依赖，促进清洁能源的利用和环保减排。

4. 川渝与西北联网工程

该项目的实施对于加强"西电东送"送端电网建设具有重要意义。通过川渝、西北联网可以实现水火补偿调节，有效消纳弃水电量。两个电网可以相互作为备用，提高供电可靠性和系统抗扰能力。此外，该项目还有利于优化发电能源资源配置，为在水电枯水期间考虑西北向川渝输电提供了可能性。为实现这一目标，该项目拟采用直流联网方式。

5. 山东与华北联网工程（通过王曲电厂输电工程实现）

山东与华北联网工程通过王曲电厂输电工程实现，该工程旨在实现山东地区与华北地区电力系统的互联互通，以实现电力资源的优化配置和供电能力的提升。具体而言，该工程通过建设王曲经邯东至山东的双回 500 kV 线路，既可以保证王曲电力的外送，又能够实现电网的互联，并取得相应的联网效益。

通过山东与华北联网工程，王曲电厂可以将其发电产能输送到华北地区，满足该地区的电力需求。同时，由于实现了电网的互联，王曲电力送出工程的输电能力也得到了提升。这意味着王曲电厂可以更加稳定地外送电力，提高供电能力，为华北地区提供可靠的电力供应。

三、中国电力投资布局的调整及新增电力投资布局设想

（一）我国电力投资布局的调整方向

1. 加大水电资源丰富地区的开发力度

水能是一种廉价、清洁、可再生的能源。水能开发兼有一次能源建设与二次能源建设的双重功能；水能开发又是水资源综合利用的重要组成部分，对江河的综合治理开发有促进作用。因此，多开发一分水电，就可以多保留一分煤炭、石油等化石燃料资源，缓解一分运输压力，减少一分环境污染，增加一分综合利用效益。世界上凡有水能资源的国家或地区都是优先开发水电，许多工业发达国家水能资源多已开发过半或开发殆尽。

在全面贯彻科学发展观和实施可持续发展战略的今天，水能是可再生能源中技术最成熟、经济性最好、最具开发规模的能源，在全国能源平衡中占有重要地位，目前，开发利用程度低，开发潜力很大，加快我国重点地区水能资源开发力度，是我国电力投资布局调整的重要方向之一，并且对全国的可持续发展具有重要的战略意义。

2. 在沿海经济密集地带建设大型滨海火电站带

随着沿海地区经济社会的快速发展，沿海地区电力需求仍在不断增长。但是沿海地区普遍淡水资源短缺，燃煤电厂用水困难，特别是在北方地区，用水条件已成为电厂布局的决定因素之一。如在河北太行山麓，目前，每座大中型水库都已布设一座火电站，城市和工农业缺水的矛盾相当突出。因此，发展核电是我国今后解决能源特别是电力供应困难的重要途径。从能源平衡角度考虑，沿海地区核能的利用也势在必行，应尽快对核电站进行布点、设计和规划。核电站的布局建设应优先考虑东南沿海地区，以便利用海水冷却。在积极发展核电的同时，重点建设一批"港口"和"路口"电站，以及为改善城市环境发展集中供热的热电厂，同时，可以考虑在滨海地带集中建设大型燃煤电厂，利用海运煤炭和海水冷却，节约淡水资源，这是沿海地区未来电力工业布局调整的重要方向。

3. 在条件合适的煤炭资源富集地区发展大型坑口电站

煤电在我国电力供应中占据绝对优势，而且这一局面仍将在一定时期内存在。但是，我国煤炭资源地域分布很不平衡，全国2/3的煤炭资源集中分布在山西、陕西和内蒙古西部（"三西"）地区，而且煤炭的空间分布正好与我国经济发展的空间分布形成错位。我国经济发达的地区主要集中在东部沿海地区，这些地区是我国电力需求十分旺盛的地区，但是这些地区基本没有煤炭资源分布，水电资源也十分有限，目前的开发程度已经很高，而且多为低水头电站，调节能力差，进一步开发的潜力不大。从目前来看，靠输煤发电仍是解决我国东部沿海发达地区电力需求的主要渠道。今后，东部地区要加强与煤炭资源丰富而且具备开发条件的晋陕蒙能源基地的联合，发展大型坑口电站，以解决铁路运煤能力紧张的矛盾。能源基地的神府、东胜、准格尔、大同、朔州、晋中和晋东南等地均有条件建设大型燃煤电站，如果这些坑口电站的外送能力在3000万kW以上，每年可以减少煤炭外运量1亿多吨，可缓解环渤海地区特别是京津冀大负荷区的电力短缺状况和环境压力。内蒙古东部的褐煤资源十分丰富，不适合外运，而且当地淡水资源充足，环境容量较大，应加速开发的步伐，建成大型煤电基地，变陆上输煤为空中输电，解决京津冀地区的电力需求。

4. 加大电网投资力度，推进全国联网

我国电力供需分布极不均衡，电力（电煤）供应主要集中在西北地区，而电力需求主要集中在东部沿海地区，这就必然形成"西电东送，北煤南运"的大格局。大型电厂、电源基地特别是大型水电站的建设，往往导致跨省、跨区大容量远距离送电，因此加大电网投资力度，推进全国联网，对于我国整个电力平衡起着非常重要的作用，即大电网互联是实现更大区域范围内资源优化配置和逐步缩小东西部地区经济差距的客观需要。实现更大

范围内的资源优化配置，取得联网送电效益，有利于加大中西部地区能源资源的开发力度，有利于电力工业实施可持续发展战略，能更好地适应市场经济的需要。

（1）电网互联具有错峰效益。我国地域辽阔，东西时差大，南北季节差别大，经济的不同结构和增长方式使地区的负荷特性差异大，联网具有可观的错峰效益。

（2）电网互联具有水、火电互补效益。利用各电网电源结构的不同，可以获得水、火电等的相互调节效益。

（3）电网互联具有水电跨流域补偿调节效益。利用不同江河流域水电群水库特性和水文特性的差异，可以获得巨大的水电补偿效益。

（4）电网互联具有互为备用效益。电网互联，为电网之间互相调剂余缺和协调规划与运行提供了前提条件。互联电网事故时互相支援，大大提高了电网可靠性。

（5）扩大电网有利于充分发挥大型水、火电站的作用和效益，可在更大范围内实现系统经济运行，形成更大区域内的发电竞争局面，相互开拓电力市场，进而取得企业和社会双重效益，大大改善大机组运行环境，有效地解决小网大机的系统运行问题。

实现电力资源优化配置决定了我国电网建设必须立足于"西电东送、南北互联"。首先要抓好三峡输变电工程，以三峡为中心，实现华中与华东、华中与川渝、华中与南方、华中与西北、华中与华北的联网。在实施东北与华北、福建与华东联网的同时，适时推进山东与华北、川渝与西北的联网工程，初步形成大区电网互联的格局，为实施其余大区电网互联、进一步开发和输送西部电力资源创造条件，为最终形成全国统一调度的联合电网、形成全国电力市场奠定基础。同时，继续加强城乡电网建设与改造。城市电网要提高供电能力，完善网络结构，改善电能质量，确保可靠供电。结合积极稳妥推进城镇化，要搞好农村电网的规划与建设。要积极推进"两改一同价"，理顺农电管理体制，减少电网网损，降低电价水平。

（二）我国新增电力投资布局设想

"西电东送"工程电源基地将成为我国新增电力投资布局的重要区域，其电力能源工业的发展及布局对全国电力能源工业发展有重要意义，是我国电力能源工业投资布局的重中之重，应在实现最大范围内资源优化配置原则的指导下，根据当地电力资源特点，实行统一规划。

第一，最大限度地满足电源地区域国民经济和社会发展对电力的需求。

第二，立足于区域乃至全国范围进行电力结构调整和资源优化配置，东西部水电、火电、核电、天然气电站以及新能源发电要进行统一规划，防止重复建设。

第三，加强西部地区送端电网和东部受端电网的规划建设，以"西电东送"为契机，积极推进全国电网互联进程。

第四，按照市场经济法则进行电力资源配置，实现输电区与受电区发展的"双赢"。

1. 中通道新增电力投资布局设想

"西电东送"中部通道电源点投资布局主要集中在川渝地区，是三大通道电源点投资布局的重中之重，应优先发展具有调节能力的水电，鼓励流域梯级滚动开发，控制径流水电，配套建设经济合理、满足调峰要求的火电站和燃气电站，将这一区域建设成为我国重要的水电基地。

（1）水电布局设想。根据流域滚动开发原则，结合长江上游经济带的实际情况，加快对区内大渡河、雅砻江、金沙江等河流滚动开发力度，形成河流梯级补偿调节能力。

为了充分利用长江上游地区丰富的水资源，应根据流域滚动开发原则，着眼于大渡河、雅砻江、金沙江等重要河流，加快推进水电开发工程。这些河流地处长江上游经济带，具备较大的水电开发潜力。通过滚动开发这些河流，我们将能够形成河流梯级补偿调节能力，有效调控水流，提高水电资源的利用效率。

在实施滚动开发时，应注重科学规划，合理布局各个水电站的位置。根据河流的地形特点和水流条件，选择适合建设水电站的区域，并进行必要的水能评估和环境影响评估。通过科学规划和合理布局，可以充分利用河流的水力资源，实现电力的高效生产。

（2）火电布局设想。川渝地区的电力工业以水电为主，火电为辅。本区煤炭储量有限，并且是高硫煤，不适合用来发电，但是本区有丰富的天然气资源，可以发展燃气电站作为调峰用电。

从全国电力工业优化配置的角度看，川渝地区火电建设首先要逐步淘汰目前的小火电。由于本区没有大的煤矿，火电规模小，且煤质差，脱硫成本高，环境污染严重，严重影响了川渝经济带的可持续发展。退役不合格的小火电，成为川渝经济带火电工业发展的一项重要内容。

在退役小火电的同时，为配合水电建设，发挥四川境内天然气储量丰富的优势，还要增加新的火电电源。增加的火电电源要符合国家的环保政策和可持续发展战略，以循环流化床机组和燃气机组为主。

2. 南通道新增电力布局设想

南通道电源点地区主要集中在南贵昆地区，这一地区要充分发挥水力资源丰富、"水火兼济"的发电优势，积极发展水电优化发展火电，将南贵昆地区建设成为南方电网中的重要电源基地，并成为广东重要的电源输送基地。

（1）水电布局设想。南贵昆经济区有丰富的水电资源，主要分布于金沙江、澜沧江、怒江、乌江、南盘江和红水河等水系上，是我国水电资源中的"富矿"，具有很大的开发潜力。

（2）火电布局设想。在水电建设的同时，适度发展火电是确保能源供应的重要手段。火电作为一种灵活的能源形式，可以在水电供应不足时提供稳定的电力供应。此外，贵州地区拥有丰富的煤炭资源，而云南靠近天然气资源丰富的四川，这为火电的发展提供了重要的资源基础。

在贵州地区，充分利用煤炭资源，发展煤电是一种可行的选择。贵州的煤炭储量丰富，可以建设煤炭发电厂，通过煤炭燃烧产生的热能驱动发电机组发电。这将不仅提供稳定的电力供应，还可以促进当地经济发展和就业增长。

（3）电网建设。南贵昆经济区作为南方电网的一部分，电力工业的发展离不开电网建设的支持。在南贵昆经济区，电网建设的重点是加快 500 kV 主网架的建设，以满足日益增长的电力需求和促进经济发展。

500 kV 主网架将成为南贵昆经济区的电力输电骨干，能够实现大容量、长距离的电力输送，提高电力传输效率和输电能力。这将有助于解决区域间电力供需不平衡的问题，支持跨区域电力调配和优化资源配置。

500 kV 主网架的建设还将提升电网的可靠性和稳定性。通过建设更高电压等级的主网架，可以减少电网输电损耗，降低供电故障率，提高供电质量和可靠性。这对于保障工商业用电的稳定供应，促进经济发展具有重要作用。

3. 北通道电力投资布局设想

北部通道电源点主要集中在晋陕蒙地区，这一地区应发挥其煤炭资源优势，大力发展采用环保技术的坑口电站，同时积极开发黄河上游的水电资源，将其建设成为我国北部地区重要的电源基地。

（1）火电布局设想。西北地区的火电建设主要是开发晋陕蒙地区的煤炭资源和天然气资源，在条件适合地区积极发展环保型坑口电站，变输煤为输电，变资源优势为经济优势。其中，晋南、陕西和蒙西地区具有发展大型坑口电站的优势条件：一是这些地区的煤炭资源十分丰富，且煤质优良价格低廉，能保证火电厂低成本运行；二是水资源丰富，有可靠的用水保障；三是环境容量大。宁夏北、中部火电基地条件好，开发潜力大。今后，要进一步加强这些地区的电力综合规划，积极推进矿口电厂建设。

（2）水电布局设想。西北地区水电的布局设想主要聚焦于黄河上游地区，这片被誉为水电的"富矿"区域。黄河作为我国最长的河流之一，源头位于青海的玉树藏族自治州，流经甘肃、宁夏、内蒙古等省区，直至黄河流域的黄河三角洲。黄河上游地区地势高峻，地质构造复杂，河流纵横交错，形成了许多潜力巨大的水电资源。

黄河上游地区的水电布局设想主要包括选择合适的位置建设水电站，充分利用河流的水能发电潜力。这些水电站将利用河流的水力能量，通过引水、发电等技术手段，将水能转化为电能。黄河上游地区的水电资源丰富，其水流量大、水头高，适合建设大型水电站，为我国的电力供应提供了可靠的源头。

（3）电网建设。西北地区的骨架电网是全长 534 km 的 330 kV 刘家峡—天水—关中（汤峪）超高压输电线路，把陕西电网与甘肃、青海电网联成一体，形成了全国四大电网之一的陕甘青电网，使黄河上游的水电与陕西的火电联网互济，调峰节能，提高了电网的灵活性、可靠性和经济性。

4. 东部沿海地区新增电力投资布局设想

为了缓解我国输煤压力，保障电网安全，满足东部发达地区日益增长的用电需求，今后在东部沿海地区特别是滨海港口、路口地区，要谋划建设一批火电，并在条件适合的地区谋划建设核电。根据中国科学院刘毅研究员的研究成果，在沿海可发展上百万千瓦大型滨海燃煤电站的地区有：辽宁丹东、庄河电厂、大连、营口、锦州、高岭电厂，河北和天津的秦皇岛、大港、黄骅电厂，山东的滨州、龙口、牟平、威海、海阳、青岛、日照电厂，江苏的连云港、吕泗和沿江的一批电厂，浙江的镇海、北仑、象山和台州电厂，福建的湄洲湾和嵩屿电厂，广东的沙角、湛江、珠江、汕头、妈湾、汕尾和惠来电厂，广西的北海和钦州电厂等。核电站的布局建设应优先考虑东南沿海地区，因为核电运输成本很低，布局在沿海不仅可以满足沿海发达地区的用电需求，而且还可以利用海水冷却。

第二章 电力技术经济及评价方法

随着能源需求的不断增长和能源结构的不断优化，电力技术的选择与经济评价显得尤为重要。电力技术的经济性不仅涉及投资规模庞大、长期影响深远，还关乎资源利用效率、经济效果等诸多方面。

第一节 电力技术经济分析概述

一、电力技术经济分析的研究对象

"当前，整个社会发展的水平是不断加快的，正是在这样的前提之下，也就使得电力技术得到了很大程度上的提升，电力技术对于当前整个社会的发展来讲，其重要性显得越来越重要。"[①] 电力技术经济分析是技术经济学的一个分支，与技术经济学密切相关。技术经济学的基本概念、基本理论和基本方法同样适用于电力技术经济分析。当然，电力技术经济分析要遵循和运用技术经济学理论方法，也要密切结合电力技术、电力经济、电力生产和电力供求的特点。

电力技术经济分析是自然科学与社会科学、电力技术与电力经济交叉、联盟的产物，其研究对象及内容、范围和方法体系，至今没有统一的表述。随着科学技术和经济的不断发展，随着人们对电力技术、电力经济及其相互关系认识的不断深化，对其研究对象的认识也在不断深化和发展。

传统观念认为，电力技术经济分析是研究技术措施、技术方案的经济效果的科学，是研究电力生产过程的经济效果规律的科学，是研究电力技术和电力经济相互关系及其矛盾对立统一的科学，是研究有效利用和配置技术资源促进电力经济发展的科学。

现代观点认为，根据系统论观点，电力技术经济分析是研究电力技术、电力经济、社

---

①张婷，唐亚夫. 浅谈电力技术经济的评价指标与具体方法 [J]. 东方企业文化，2018 (S2)：162.

会、生态、文化（价值）构成系统的结构、功能及其规律的科学。这也是广义综观电力技术经济分析研究对象的基本理解，即在文化（价值）子系统参照系下，从电力技术先进性、电力经济合理性、社会公正性和生态适应性方面对电力技术经济问题进行分析与综合，评价与决策，从而选择综合效益尽可能满意的项目与方案的一门交叉边缘学科。

综上所述，电力技术经济分析的研究对象可界定在以下三个层次：

第一，电力工程项目层面的技术经济问题，即关于电力规划的经济问题。①从电力系统的角度来说，主要研究电力生产的技术经济问题；②从电力供求的角度来说，主要研究供给侧的技术经济问题；③从电力建设的角度来说，主要研究电力项目的经济分析评价问题。

第二，电力产业层面的技术经济问题。电力技术经济分析不仅研究电力系统（生产、供给、项目或方案）的经济效益问题，而且还研究电力项目与电力产业、电力产业与其他产业的相互关系中所涉及的技术经济评价问题，以及电力产业与整个国民经济的相互关系中涉及的技术经济分析评价与可持续发展问题。

第三，国家层面的技术经济分析问题。电力技术经济不仅研究电力产业与国计民生相互关系中涉及的技术经济分析评价问题，而且还从全球乃至宇宙角度来研究本国乃至世界电力生产供给、电力交易中所遇到的技术经济分析评价问题。例如，全国或跨国联网、宇宙发电、数字电力系统（DPS）、电力与大气污染、电力与温室效应等电力技术经济问题。

二、电力技术经济分析的主要内容

电力技术经济分析的具体内容是在技术、经济、社会、生态和文化相互协调发展的原则下，正确认识和处理电力技术和电力经济及其他方面的相互关系，寻求其客观发展规律、最佳配置规律及均衡协调规律。这些规律是电力技术经济系统运行机制和发展变化的反映，将它们总结、概括、提高，就成为电力技术经济分析的理论、原理与方法。因此，电力技术经济分析的主要内容如下：

（1）电力技术经济分析理论，包括基础理论和应用理论。

（2）电力技术经济分析方法，包括定性方法和定量方法、静态方法和动态方法、单目标方法和多目标方法等。

（3）电力技术经济分析理论与方法的具体应用。电力技术经济分析横向包括电力部门（产业）及其与其他部门或地区的工业、农业、交通运输业、建筑业、商业、外贸、旅游服务业、环保卫生、中介服务业等关系中的技术经济问题，纵向包括电力生产建设项目的试验研究、勘察考察、规划设计、建设施工、生产运行、使用维修、销售服务等。

除此之外，电力技术经济分析还包括：①从电力系统组成环节来说，要研究发电、输配电、供电和用电环节所涉及的技术经济问题；②从电力技术特点来说，要研究电力技术改造、电力技术引进、电力技术创新的经济问题；③从电力项目投资建设来说，要研究电力项目评价与投资效益分析问题；④从可持续发展和人本思想来说，要研究资源稀缺、人性自利和制度安排三者协同互动互补过程中的技术经济综合评价问题。

三、电力技术经济分析的可比原理

"电力工程技术经济分析可以通过对比技术和经济之间的关系，对电力工程项目建设中的造价进行有效的控制，在电力工程当中的应用日益广泛。"[①] 在电力技术经济的研究中，除了要对单个技术方案本身的经济效果进行评价外，更重要的是对多个技术方案的经济效果进行比较和评价，从而选择最优方案。在多方案的比较、评价中，必须建立共同的比较基础、比较标准和评价条件。因此，比较是技术方案优选的前提，研究技术方案的经济效果必须运用技术经济比较原理。

（一）满足需要的可比原理

满足需要的可比，是指相比较的各个技术方案的产出都能满足同样的社会需要，并且这些技术方案能够相互替代。任何技术方案都是根据项目预定的目标功能或需要制定的，由于不同的技术方案实现预期目标功能的途径和方法不同，其经济效果也各不相同。进行技术方案的比较时，要求相比较的技术方案必须满足相同的社会需求，否则就不能直接比较。技术方案通常是以产品的产量、品种和质量来满足社会需要的，因此，为满足需要的可比，应从产量、质量和品种三个方面进行可比性分析。

1. 产量可比

在电力技术经济分析中，产量可比是用于比较不同电力技术之间产生的电能量的一种指标。由于不同的电力技术可能具有不同的装机容量、运行时间和发电效率等因素，直接比较它们的发电量可能会导致不准确或误导性的结果。为了解决这个问题，研究人员和决策者通常使用产量可比来进行比较。产量可比是将不同电力技术的发电量标准化，使它们具有相同的产出基准。常见的产量可比指标如下：

（1）等效全负荷小时。等效全负荷小时是指在一年中，特定电力技术以额定装机容量的百分比运行时，实际产生的电能量。通过将不同电力技术的发电量除以其装机容量，可以计算出它们的等效全负荷小时，并进行比较。较高的 EFLH 表示更高的产出效率。

（2）发电效率。发电效率是指电力技术将其燃料或能源转化为电能的效率。不同电力

---

①林智斌. 电力工程技术经济分析在造价控制中的作用［J］. 通讯世界，2018，338（07）：149.

技术具有不同的发电效率，因此，通过比较它们的发电效率，可以评估它们的产量多少。较高的发电效率通常表示更高的产出效率。

（3）发电成本。发电成本是指产生每单位电能所需的成本。通过将不同电力技术的发电成本进行比较，可以评估它们的产量多少。较低的发电成本通常表示更高的产出效率。

2. 品种可比

如果两个方案相比，甲方案生产A，B，C三种产品以满足社会需要，乙方案只生产A，B两种产品，那么在满足需要上，甲、乙两方案就不具备可比条件。若要两个方案可比，则必须将乙方案扩建成能生产A，B，C三种产品的方案，或者再建一个生产C产品的丙方案，然后将甲方案与乙、丙两个方案相关指标之和进行比较。因为在品种上，乙、丙两个方案共同满足甲方案能够为社会提供的同一需要。

3. 质量可比

所谓质量可比，是指不同项目或技术方案的产品质量相同时，直接比较各项相关指标；质量不同时，则须经过修正计算后才能比较。在实际应用中，由于有些产品的质量很难用数字准确地衡量，即所谓的"软指标"，而有些项目或技术方案因产品质量不同，会产生较大差异的不同社会需求，这样在进行比较时就要进行修正或折算。

例如，从北京运输一批货物到广州，通过铁路运输或空运其结果是相同的，即都能将货物安全运抵目的地，但运输过程却不相同。空运快捷、中间环节少、安全稳妥、费用较高；铁路运输所需时间长、中间环节多、出现意外的可能性大，但费用低廉。对于不同的用户，因其需求不同，所选方案就不同。再如，有两个电视机厂建设方案，其中一个生产黑白电视机，另一个生产彩色电视机，二者产品质量不同，产品使用价值也不同。假设1台彩色电视机相当于3台黑白电视机的使用价值，在进行技术经济比较分析时，通常将生产1台彩色电视机方案与生产3台黑白电视机方案的相关指标进行比较；而对诸如美观、舒适、方便、清洁等难以量化的质量功能指标，在分析时可采用评分法进行比较。

4. 综合效益可比

有些技术方案属于综合利用方案，可以满足多方面的需要，在比较时要特别注意。如建筑水电站大坝不仅可以用于发电，同时还能满足防洪、灌溉、运输等多方面的需要。因此，在评价水电建设方案时，只应计算属于水力发电那一部分的投资，即分摊建筑大坝全部投资的一部分。又如发电厂方案比较时，若在煤矿坑口建造电厂，然后用高压线路送电到城市，高压线路只能送电而无其他用途；若将电厂建在城市，那么把煤运到城市所建的铁路，除了满足运煤需要外，还可以运送其他物资和旅客。在这种情况下，两个方案的比较同样必须建立在同一个基础上，假如该铁路的年运输量为3000万t，而在城市建造电厂所需的年运煤量只为 1000 万 t，则运煤方案分摊的铁路投资应为铁路总投资的 1/3。只有在相同的基础上进行方案比较，得出的结论才是科学的、正确的。

（二）价格指标的可比原理

价格是价值的货币表现，评价技术方案的经济效果，离不开价格指标。因为不论是劳动消耗方面，还是产生的有用效果方面，都只有从价值形态上才能加以综合，并通过价格加以反映。不同技术方案进行比较时，应研究相应的价格是否合理。这就是价格的可比条件。

价格的可比性，是指在计算各个对比方案的技术经济效益时，必须采用合理的、一致的价格。合理的价格就是价格能够较真实地反映产品的价值和供求关系；一致的价格就是相对比方案所采用的是统一的价格，计算时价格的口径范围和时间都是一致的。一般来说，当产品的价格和价值一致时，可采用现行价格计算；当产品价格不能正确反映价值时，可依据相对稳定时期内的不变价格来计算。对于远期技术方案的比较，应考虑到技术进步及劳动生产率的不断提高使产品成本不断下降的趋势，采用远景价格；不同时期的技术方案相比较，应采用价格指数的办法将过去价格折算成现行价格进行比较。

进行企业经济评价时，一般采用现实市场价格；进行国民经济评价时，一般采用影子价格。影子价格又称最优计划价格，它不是市场上形成的交换价格，而是在社会经济处于最优状态时，能够反映社会劳动的消耗、资源的稀缺程度和对最终产品需求情况的价格。例如，当电力紧张时，一旦增加供电量，就可以提高产量，每增加一个单位的供电量所引起的国民经济净产值的增量，就是电力的影子价格。影子价格不直接表示为商品的价格，而只表示某一资源合理利用所达到的水平。

（三）时间因素的可比原理

技术方案的经济效果，除了数量的概念以外，还具有时间的概念。例如，两个技术方案的产品产量、投资、成本完全相同，但时间上有差别，其中一个投产较早，而另一个投产较晚；或者一个投资早，另一个投资晚；或者一个方案的使用寿命长，另一个方案的使用寿命短。在这种情况下，这两个方案的经济效果是不同的，不能简单地进行比较。必须考虑时间因素的影响，计算资金的时间价值。通常包括两个方面的可比性：

1. 方案计算期或研究期要相同

对不同的技术方案进行经济评价时，必须采用相同的计算期或研究期作为比较的基础。当技术方案的寿命期不等时，可用最小公倍数法或研究期法进行处理。最小公倍数法是取各技术方案寿命期的最小公倍数作为共同的计算期，假定每个技术方案在这一共同计算期内重复实施，然后对各个技术方案进行比较和评价。研究期法是考查技术方案在某一研究期内的经济效益。一般选寿命期短的技术方案作为共同的研究期，只比较研究期的年均收益，以判定各技术方案的相对优劣。如水、火电厂方案比较，按规定服务年限水电方案为 50 年，而火电方案为 25 年，这样为使总经济效果可比，就必须考虑火电方案在第一个电厂服务期结束时，再投入一个同样规模的火电厂，使水、火电厂方案的计算期一致，然后再进行比较。

2. 考虑资金的时间价值

各种技术方案由于受到技术经济等多种条件的限制，在投入人力、物力、财力以及发挥效益的时间方面常常有所差别。因此，在技术方案评价时，不仅要考虑收益与费用的大小，而且要考虑其发生的时间。技术方案在不同时点上发生的收益和费用不能简单地直接相加，必须考虑资金的时间价值，动态地计算各技术方案的经济效果。通常采用的方法是将不同时点所发生的收益和费用，按照资金等值原理换算到同一时点后进行计算比较。

四、电力技术经济分析的基本程序

电力技术经济分析主要是对各种可行的技术方案进行综合分析、计算、比较和评价，全面衡量方案的经济效果，在评价经济效果的基础上，做出最佳选择，为决策提供科学依据。

（一）确定方案

电力技术经济分析的目的在于比较各种可行的技术方案之间的优劣，要比较就需要有共同的目标。所谓方案的目标功能就是指方案最终要实现的功能。例如，如果某地区的电力需求缺口是 100 万 kW·h，则方案的目标功能就是满足 100 万 kW·h 的电力需求，为此可以在明确方案目标功能的基础上，确定建设水电站、火电厂，或建设输电线路送电等具体方案。确定方案的目标功能是技术经济分析中非常重要的一个环节，如果目标功能错误，就会导致建设的失败，造成投资的损失。

（二）调查研究

方案的目标功能确定后，就要围绕方案的目标功能进行调查研究，收集相关资料，并对资料进行分析和预测，明确是否具有实现目标所需的资源、技术、经济和信息等条件。这是电力技术经济分析的一项基础性工作，必须给予高度的重视，因为资料是分析的基础，资料正确与否，直接影响分析的质量，进而影响电力技术经济分析的效果。

（三）制订方案

随着技术的不断进步，对于实现同一目标功能，可以提出很多具体方案。例如，为了解决能源问题可以建火电厂、核电厂或水电站，而建核电站就有许多方案，如采用重水堆、轻水堆等。寻求各种备选方案，实际上是一项创新活动。为了提出满足目标功能的多种可行方案，决策者必须进行创新。在提出备选方案的过程中，要尽可能多地列出满足目标功能的所有可能的方案，以便比较选择，并从中选优。

（四）拟定指标

根据目标功能的内容和所拟定的各种备选方案确定电力技术经济分析的评价指标，这是进行方案评价的依据。同时，由于各种备选方案的评价指标和参数不同，还必须将各种备选方案的评价指标等同化，即将不能直接比较的数量指标、质量指标等尽可能转化为统一的可比指标，使方案在使用价值上等同化。

（五）方案评价

方案评价分为定性分析和定量评价。定性分析是指从国民经济整体利益并兼顾企业利益的角度出发，分析各方案的利弊得失，剔除一些显然不合格的方案。定量评价是指采用一定的定量计算，根据所拟定的技术经济分析评价指标进行评价，通过方案评价，淘汰不可行方案，保留可行方案。

（六）优选方案

根据方案评价的结果，选出能够达到目标功能、技术上先进、经济上合理的最佳方案。这是电力技术经济分析的最终目的。但是，在优选方案时，也会出现方案都不能满足目标功能的情况，这说明目标定得不合理，或者是备选方案没有涵盖最佳方案。此时，必须重新确定目标或者重新制订备选方案，以完成项目决策任务。

（七）完善方案

在可能的条件下，应进一步对确定的最优方案进行完善，使方案更利于实现，并具有更好的经济效益。

运用技术经济分析的基本理论和方法，必须树立系统观念和动态观念。所有的技术方案，包括技术路线、技术政策、技术措施等都不是孤立存在的，它们是整个社会的技术经济系统的有机组成部分。在经济决策中，追求的不仅有子系统、小系统的目标，还有整个大系统的目标。如长江三峡工程的论证与决策，不仅有大坝与发电的技术问题，以及发电本身的效益问题，还有三峡工程建设所带来的综合效果问题。比如，水库的水位问题，它关系到工程规模、移民数量、淹没损失、库区的上下游和库区本身的开发。水库的水位越高，可能给项目建成后带来的经济效果越大，但是淹没损失也将成倍增加。因此，三峡工程必须与国民经济联系在一起论证、决策。动态的观念是用发展的眼光去建立方案、评价方案。方案所处的环境是变化的，因此要用发展的眼光预测未来的效果。技术经济评价是事前评价，各种参数在将来的实施过程中必定会发生各种变化。项目越大，周期越长，变动的可能性也越大。如果没有一套正确的预测方法和恰当的指标设置，事前的评价与实施后的效果会有很大的出入，甚至完全相反。

第二节　电力技术经济的要素分析

一、经济效果

（一）经济效果的内涵阐释

所谓经济效果，指的是生产活动中"产出与投入之比""成果与消耗之比"，而经济活动中的有效劳动成果与劳动消耗的比值就是经济活动的效益，即经济效益。电力技术经济分析研究的一个基本问题，就是如何有效利用有限的资源生产出尽可能多的符合社会需要的产品或者劳务。经济效益问题是电力生产建设、电力经济发展中一个极其重要的理论与实际问题。讲求经济效益是从事一切经济活动的基本方针，也是对技术方案或项目进行技术经济评价的根本出发点与最终目的。正确理解和运用经济效果的概念与内涵，应注意以下三点：

第一，经济效益所指的产出或效果是指有效成果，即对社会有用的产品或劳务。不符合社会需要的产品或服务，生产越多，浪费越大，经济效益就越差。生产活动中所产生的一些对社会不利的坏效果，如环境污染，更是一种负效果。

第二，经济效果概念中的劳动消耗，包括技术方案消耗的全部人力、物力、财力，即包括生产过程中的直接劳动消耗、劳动占用、间接劳动消耗三部分。直接消耗是指技术方案中所消耗的原材料、燃料、动力生产设备等物化劳动消耗以及劳动力等活劳动消耗。这些单项消耗指标都是产品制造成本的构成部分，因而产品制造成本是衡量劳动消耗的综合性价值指标。劳动占用通常指技术方案为正常进行生产而长期占用的用货币表现的厂房、设备、资金等，通常分为固定资金和流动资金两部分。投资是衡量劳动占用的综合性价值指标。间接劳动消耗是指在技术方案实施过程中社会发生的消耗。

第三，经济效果是"成果和消耗之比""产出与投入之比"，而不是单独的成果或消耗指标，因而不能单独把产量、销量、销售收入或速度等视作经济效果，也不能认为企业利润就是经济效果。理解经济效果必须强调将成果和劳动消耗联系起来综合考虑的原则，不将成果与消耗、投入与产出相联系，就无法判断其优劣、好坏。当然在投入一定时，也可以单独用产出衡量经济效果，产出越多效果越好；在产出一定时，投入越少越好。

（二）经济效果的表达方式

1. 差额表示法

差额表示法是一种用劳动成果与劳动耗费之差表示经济效果大小的方法，表达式为：

$$经济效果 = 劳动成果 - 劳动耗费 \tag{2-1}$$

利润额、利税额、国民收入、净现值等都是以这种方法表示的经济效果指标。用差额表示法计算的经济效果是一个总量指标。这种表示方法要求劳动成果与劳动耗费必须是相同计量单位，其差额大于零是技术方案可行的经济界限。这种经济效果指标计算简单，概念明确，但对技术水平不同的方案，不能确切反映经济效果的好坏。

2. 比值表示法

比值表示法是一种用劳动成果与劳动耗费之比表示经济效果大小的方法，表达式为：

$$经济效果 = 劳动成果 / 劳动耗费 \tag{2-2}$$

劳动生产率和单位产品原材料、燃料、动力消耗就是这种表示法。比值法的特点是劳动成果与劳动耗费的计量单位可以相同，也可以不相同。当计量单位相同时，比值大于 1 是项目可行的经济界限。

3. 差额比值表示法

差额比值表示法是一种用差额表示法与比值表示法相结合来表示经济效果大小的方法，表达式为：

$$经济效果 = （劳动成果 - 劳动耗费） / 劳动耗费 \tag{2-3}$$

差额比值表示法可以兼顾差额表示法和比值表示法的优点。用这种方法表示的经济效果，也要求劳动成果与劳动耗费的计量单位是相同的，其常见指标有资金利润率、销售利润率、成本利润率等。该方法在技术经济分析中较为常用，比值大于零是技术方案可行的经济界限。

（三）经济效果的基本类型

1. 企业经济效果与国民经济效果

根据分析的角度不同可以将经济效果分为企业经济效果和国民经济效果。企业经济效果是指站在企业的角度，从企业的利益出发，分析得出技术方案的经济效果。国民经济效果是指站在国家的角度，从国民经济以至整个社会出发，分析得出技术方案的经济效果。

由于分析的角度不同，对同一技术方案的企业经济效果评价结果与国民经济效果评价结果可能会不一致。一般情况下，如果技术方案的国民经济效果评价认为可行，企业经济效果评价也可行，就可以进行实施；如果国民经济效果评价认为可行，企业经济效果评价不可行，可以通过降税、优惠贷款及实行政策性补贴等经济手段，使企业经济效果变为可行，再进行实施；如果国民经济效果评价认为不可行，无论企业经济效果如何都必须坚决否定。

2. 直接经济效果与间接经济效果

根据受益者不同可以将经济效果分为直接经济效果和间接经济效果。直接经济效果是指技术方案直接给实施企业带来的经济效果。间接经济效果是指技术方案对社会其他部门产生的经济效果。如建设一个水电站，不仅给建设单位带来发电收益、旅游收益，而且给下游带来防洪收益。一般来说，直接经济效果容易看得见，不易被忽略。但从全社会可持续发展的角度出发，则更应强调间接经济效果。

3. 有形经济效果与无形经济效果

根据能否用货币计量可以将经济效果分为有形经济效果和无形经济效果。有形经济效果是指能用货币计量的经济效果，如技术方案的实施给企业带来的利润。无形经济效果是指难以用货币计量的经济效果，如技术方案采用后，提高劳动力素质、提升企业的知名度等给企业带来的效益。如电厂建设的直接费用，铁路运输成本，电厂发电量，发、送、变、配电成本，收益，等等，是可以直接计量的，但是输电线路和铁路建设对沿线地区经济发展的影响就无法或很难准确地用数量指标表示出来，而这些经济因素同样影响着方案的经济效果。因此，在技术经济分析评价过程中，不仅要重视有形经济效果的评价，还要重视无形经济效果的评价。

（四）经济效果的提升途径

第一，保持劳动成果不变，降低劳动耗费。企业可通过加强内部费用控制与管理，保持产出不变的情况下，降低成本费用，达到提高经济效果的目的，这是实际工作中提高经济效果最常用的途径。

第二，保持劳动耗费不变，增加劳动成果。企业在保持劳动消耗不变的情况下，通过合理组织生产经营活动，加快生产和流通的周转速度，增加劳动成果，达到提高经济效果的目的。

第三，劳动成果与劳动消耗同时增加。在劳动成果与劳动耗费同时增加的情况下，使劳动成果增加的幅度大于劳动耗费增加的幅度，可以达到提高企业经济效果的目的。

第四，劳动成果与劳动消耗同时降低。在劳动成果与劳动耗费同时下降的情况下，使劳动耗费下降的幅度大于劳动成果下降的幅度，可以达到提高企业经济效果的目的。

第五，劳动成果增加，劳动耗费降低。在降低劳动消耗的同时增加劳动成果，可以使企业经济效果大幅度提高。但一般仅在技术创新情况下才会出现这种情况，这是提高企业经济效果最理想的途径。

二、投资

（一）投资的内涵阐释

广义的投资是指人们的一种有目的的经济行为，即以一定的资源投入某项计划，以获取所期望的报酬。投资活动按其对象，可分为产业投资和证券投资两大类。产业投资是指经营某项事业或使真实资产存量增加的投资；证券投资是指投资者用积累起来的货币购买股票、债券等有价证券，借以获得效益的行为。狭义的投资是指人们在社会生产活动中为实现某种预定的生产、经营目标而预先垫支的资金。下面主要论述的是狭义的投资。

无论是建设一个新项目，还是对现有项目进行技术改造，投资额需要多少是工程项目决策前进行经济评价不可缺少的数据，也是工程项目资金筹措的依据。在我国电力工程建设周期中，投资计算分为估算、概算、预算和决算四种类型。估算是在投资项目可行性研究阶段，采用模拟已建成的同类项目或参照经验指标或采用编制概算等方法来估算项目所需的全部投资费用。概算是在初步设计阶段根据设计图样、概算定额、费用定额、设备和材料的预算价格、工资标准等资料编制的比估算更详细、精确的全部建设费用。预算是施工图设计阶段根据施工图样、预算定额、费用定额、设备和材料的预算价格、工资标准等资料编制的比估算更详细、精确的技术经济文件，用以确定项目所需的全部投资费用。决算是反映项目实际造价的文件，是办理交付使用新增资产的依据。

（二）投资的估算方法

1. 固定资产投资估算

（1）类比估算法。类比估算法是根据已建成的与拟建项目工艺技术路线相同的同类产品项目的投资，来估算拟建项目投资的方法，其基本思路是类比，已知类似项目的生产能力 X_1，投资额 Y_1，如果拟建项目生产能力 X_2，那么通过类比（$X_1 : X_2 = Y_1 : Y_2$），得到拟建项目投资额的基本类比计算方式为：

$$Y_2 = X_2 \left(Y_1 / X_1 \right) \tag{2-4}$$

根据基本类比公式（2-4），再进一步考虑到有关因素，可以得到较为接近的公式，常用的有单位生产能力法、规模指数法和系数估算法等。

第一，单位生产能力法。将基本类比公式（2-4）乘以物价修正系数 P_f，得到单位生产能力法投资额估算公式：

$$Y_2 = X_2 \left(Y_1 / X_1 \right) P_f \tag{2-5}$$

单位生产能力法投资额估算在实际中常常应用于建筑物的单方造价、铁路和公路的每公里投资、水力和火力发电站的每千瓦装机容量的造价等估算。

第二，规模指数法。在单位生产能力法投资额估算基础上再考虑到规模扩大的装机能力指数 n，得到规模指数法投资额估算公式：

$$Y_2 = Y_1 (X_2 / X_1)^n P_f \tag{2-6}$$

一般来说，以增加单机（或单台设备）数目来扩大生产能力时，$n = 0.8 \sim 1.0$；主要以提高设备效率、增加功率或装机容量来扩大生产规模时，$n = 0.6 \sim 0.7$；高温高压的工业性生产工厂，$n = 0.3 \sim 0.5$。一般 n 的平均值大致为 0.6，故该法又称为"0.6 指数法"。

第三，系数估算法。当用于估算整个建设项目投资时，以某个装置或某项费用为基础，乘以一定的比例系数，得出其他各项费用和总投资，这种方法称为系数估算法。其中的各项比例是从已建类似装置的统计数据中总结出来的。这种方法在国外的可行性研究中经常采用，特别是在化学工业项目中应用更广。

（2）概算指标估算法。概算指标估算法是较为详细地估算投资的方法，该法把整个建设项目依次分解为单项工程、单位工程、分部工程和分项工程，分别套用有关概算指标和定额编制投资概算，然后在此基础上再考虑物价上涨、汇率变动等动态投资。

第一，建筑工程费用。建筑工程包括房屋建筑工程、大型土石方和场地平整以及特殊构筑物工程等。建筑工程费用由直接费用、间接费用、计划利润和税金组成。直接费用包括人工费、材料费、施工机械使用费和其他直接费用，可按建筑工程量和当地建筑工程概算综合指标计算。间接费用包括施工管理费和其他间接费用，一般以直接费用为基础，按间接费率计算。计划利润以建筑工程的直接费用与间接费用之和为基数，乘以预定利润率。税金包括营业税、城市维护建设税和教育费附加。

第二，设备及工器具购置费用。该费用包括需要安装和不需要安装的全部设备、工器具及生产用家具等购置费用。

第三，安装工程费用。该费用包括设备及室内外管线安装费用，由直接费用、间接费用、计划利润和税金四部分组成。

第四，其他费用。该费用指根据有关规定应计入固定资产投资的除建筑、安装工程费用和设备、工器具购置费用以外的一些费用，包括土地征用费、居民迁移费、生产职工培训费、联合试运转费、场区绿化费、勘察设计费等。

第五，基本预备费用。该费用为事先难以预料的工程和费用。

2. 流动资产投资估算

一般情况下，流动资产投资与固定资产投资之间存在一个相对比较稳定的比例。在经济发达和管理水平较高的国家，流动资产投资占总投资的比率较低，平均只有 4%~5%，而我国的这一比率平均超过 10%。很显然，在我国通过加强流动资产投资管理，降低流动资产投资比率的潜力是很大的。流动资产投资估算主要采用类比估算法和分项估算法。

（1）类比估算法。类比估算法是一种根据已投产类似项目的统计数据总结得出的流动资产投资与其他费用之间的比例系数，来估算拟建项目所需流动资产投资的方法。这里的其他费用可以是固定资产投资，也可以是经营费用、销售收入或产值等。

（2）分类估算法。分类估算法是按流动资产的构成分类进行估算。估算的公式主要为：

$$现金 = \frac{年职工工资与福利费总额 + 年其他零星开支 \times 最低周转天数}{360 \text{ 天}} \quad (2-7)$$

$$存货 = 原材料 + 在产品 + 产成品 + 包装物 + 低值易耗品 \quad (2-8)$$

$$原材料占用资金 = 原材料的每日平均消耗量 \times 原材料价格 \times 周转天数 \quad (2-9)$$

$$在产品占用资金 = 年在产品生产成本 \times \frac{周转天数}{360 \text{ 天}} \quad (2-10)$$

$$产成品占用资金 = (年产成品生产成本 - 年固定资产折旧费) \times \frac{周转天数}{360 \text{ 天}} \quad (2-11)$$

三、成本

电力技术经济分析中的成本费用是电力项目投入使用进入生产运营期后，在运营期内为生产产品或提供服务所发生的全部费用，称总成本费用。在电力技术经济分析中，根据分析、计算的需要，还要引入一些财务会计中所没有的成本概念，其成本的经济含义及成本中所包含的内容非常广，可以针对不同的对象或根据不同的需要，使用不同的成本概念。

（一）会计成本

会计成本是企业在生产经营过程中发生的，由会计人员记录在企业账册上的，客观的和有形的支出，包括原材料等劳动对象的耗费、机器设备等劳动手段的耗费、人工等劳动力的耗费，以及其他有关的各项费用。总成本费用的估算可由生产成本加期间费用估算。

1. 生产成本

生产成本亦称制造成本，是指企业在生产经营过程中实际发生的直接材料费、直接工资、其他直接支出和制造费用。

（1）直接材料费。直接材料费包括企业在生产经营过程中实际消耗的原材料、辅助材料、设备零配件、外购半成品、燃料、动力、包装物、低值易耗品，以及其他直接材料所产生的费用。

（2）直接工资。直接工资包括企业直接从事产品生产人员的工资、奖金、津贴和补贴等。

（3）其他直接支出。其他直接支出包括企业直接从事产品生产人员的职工福利费等。

（4）制造费用。制造费用是指企业各个生产单位（分厂、车间）为组织和管理生产所发生的各项费用，包括生产单位（分厂、车间）管理人员工资、职工福利费、折旧费、维护费、修理费、物料消耗、低值易耗品摊销、劳动保护费、水电费、办公费、差旅费、运输费、保险费、租赁费（不含融资租赁费）、设计制图费、试验检验费、环境保护费，以及其他制造费用。

2. 期间费用

期间费用指在一定会计期间发生的，与生产经营没有直接关系或关系不密切的管理费用、财务费用和营业费用。期间费用不计入产品的生产成本，直接体现为当期损益。

（1）管理费用。管理费用是指企业行政管理部门为管理和组织经营活动发生的各项费用，包括公司经费、工会经费、职工教育经费、劳动保险费、董事会费、咨询费、顾问费、交际应酬费、税金、土地使用费（或海域使用费）、技术转让费、无形资产摊销、开办费摊销、研究发展费，以及其他管理费用。其中，公司经费指工厂总部管理人员工资、职工福利费、差旅费、办公费、折旧费、修理费、物料消耗、低值易耗品摊销，以及公司其他经费；税金指企业按规定支付的房产税、车船使用税、城镇土地使用税和印花税等。

（2）财务费用。财务费用是指企业为筹集资金而发生的各项费用，包括企业生产经营期间的利息净支出、汇兑净损失、调剂外汇手续费、金融机构手续费，以及在筹资过程中发生的其他财务费用等。

（3）营业费用。营业费用是指企业在销售产品、自制半成品和提供劳务等过程中发生的各项费用，以及专设销售机构的各项经费，包括应由企业负担的运输费、装卸费、包装费、保险费、委托代销费、广告费、展览费、租赁费（不包括融资租赁费）、销售服务费、销售部门人员工资、职工福利费、差旅费、办公费、折旧费、修理费、物料消耗、低值易耗品摊销，以及其他经费等。

（二）经营成本

在技术经济分析活动过程中，经营成本是编制项目计算期内的现金流量表和方案比较选优时采用的非常重要的分析评价指标。经营成本只包括生产、销售产品及提供劳务而实际发生的现金支出，不包括虽计入产品成本费用中，但实际没有发生现金支出的费用项目。如固定资产折旧费、无形资产与递延资产摊销费等虽然计入产品总成本费用，但它们只是项目系统内部的现金转移，而非现金支出，应该从总成本费用中减去。其计算公式为：

$$经营成本=总成本费用-折旧费-摊销费-利息支出 \tag{2-12}$$

项目评价动态分析的基本报表是现金流量表，它根据项目在计算期内各年发生的现金流入和流出进行现金流量分析。各项现金收支在何时发生，就在何时计入。投资已在其发生的时间作为一次性支出被计入现金流出，所以不能将折旧费和摊销费在生产经营期再作为现金流出，否则会发生重复计算。因此，在现金流量表中以不包括折旧费和摊销费的经营成本作为生产经营期的经常性支出。对于矿山项目，将维检费视同折旧费处理，因此，在经营成本中也不包括维检费。贷款利息是使用借贷资金所要付出的代价，对于企业来说是实际的现金流出，但在评价工业项目全部投资的经济效果时，并不考虑资金来源问题，因此，在经营成本中也不包括贷款利息的支出。

（三）经济成本

经济成本包括企业购买生产要素支付的显性成本和实际上已投入企业自有资源但在形式上没有支付报酬的隐性成本。显性成本与隐性成本的区别在于，前者是购买所有权归他人的生产要素所构成的成本，而后者是购买所有权归业主自己的生产要素所构成的成本。由于人们常常将使用自有生产要素当作消费自有消费品一样看待，在计算经济成本时常常将它忽略。

（四）机会成本

经济学的基本假设之一是稀缺，是指社会拥有的资源总是少于人们所希望拥有的。面对资源的稀缺，任何社会都需要依靠一定的制度或规则来配置稀缺资源，这种配置无疑要求社会就资源的使用做出选择。而任何选择，实质上不可避免的是一种"缺憾"，因为选择的同时就意味着舍弃。可见，选择从来都不是毫无代价的，而是存在"机会成本"。

机会成本是指由于企业使用一定数量资源生产某种产品，而放弃这些资源用于其他用途可能获得的最高收益。机会成本的存在需要两个前提条件：一是资源的稀缺性，二是资源具有多种用途。机会成本概念用于经济活动分析，有助于对资源的不同用途进行比较，实现资源的最优配置。

（五）边际成本

边际成本，是指产出的额外增加所带来的总成本的增加，是总成本对产量的导数。已知某企业总成本与产量的关系为 $TC = Q^2 + 10Q + 80$ 时，总成本对产量的导数 $\dfrac{d(TC)}{dQ} = 2Q + 10$。当产量是 50 件时，边际成本为 110 元。如果总成本与产量是线性关系时，因为边际成本考虑的是单位产量变动，这时固定成本保持不变，边际成本实际上是单位变动成本。消费者购买物品时，其最优决策是所有物品的边际效用和价格之比都相等；生产者决定生产计划时，其最优决策是产品的边际成本和边际收益相等。

（六）沉没成本

沉没成本是指过去已经支出而现在已无法得到补偿的成本。因为今后的任何决策都不能取消这项支出，所以它对企业决策不起作用。例如，某投资者 3 个月前以 20 元/股的价格购入某种股票 5000 股，购买股票的总投资 10 万元，这是不能改变的事实，即为沉没成本。目前，该股票的交易价格为 18 元/股，该投资者在决策是否抛出这批股票时，不应受 20 元/股的购入价格这一沉没成本的影响，而应分析该股票的价格走势。若预计该股票价格将上涨，则继续持有，如有剩余资金，还可逢低吸纳；若预计价格将继续下跌，则应果断抛出。

（七）电力成本费用

根据电力工业生产的特点，电力成本费用应包括燃料费、购入电力费、水费、材料费、工资及福利费、折旧费、修理费及其他费用。从电力系统发、输、配、供、用电等环节来看，电力成本分为：①发电成本，包括电厂投资、折旧、维修更新费用、燃料费用、水费、材料费、人工工资福利费及其他运行管理费用、利税等；②输电成本，包括输电网投资、折旧、维修费用、人工工资、福利费及其他运行管理费用、利税等；③配、供电成本，包括配电网投资、网损变电设备及辅助服务费用等；④管理成本，约占总成本的 8%。

（八）变动成本和固定成本

根据成本的变动与产量之间的依存关系，通常可将成本划分为固定成本和变动成本两类。固定成本是指在一定产量范围内不随产量变动而变动的费用，如固定资产折旧费、管理费用等。变动成本是总成本中随产量变动而变动的费用，例如，直接原材料、直接人工费、直接燃料费、动力费和包装费等。

固定成本在一定时期和一定业务量范围内，其总额是保持不变的，但从产品的单位固定成本看，则恰恰相反，随着产量增加，每个单位产品分摊的固定成本份额将会相应地减少。变动成本总额会随着产量增减呈正比例变动，但产品的单位变动成本则不受产量变动的影响。

四、税收

电力技术经济分析涉及的税费，主要包括增值税、消费税、营业税、关税、所得税、资源税、土地增值税、城市维护建设税、教育费附加，税种和税率的选择应根据项目具体情况确定。

（一）增值税

增值税是对在我国境内销售货物或者提供加工、修理、修配劳务，以及进口货物的单位和个人，就其取得的货物的销售额或应税劳务以及进口货物的金额计算税款，并实行税款抵扣的一种流转税。其纳税人为在中国境内销售货物或者提供加工、修理、修配劳务，以及进口货物的单位和个人。

增值税率设基本税率、低税率和零税率三档。出口货物适用零税率；粮食、食用植物油、自来水、暖气、冷气、热水、煤气、石油液化气、天然气、沼气、图书、报纸、杂志、农业生产资料等适用低税率13%，其他适用基本税率17%。计税公式为：

$$应纳增值税税额 = 当期销项税额 - 当期进项税额 \qquad (2-13)$$

销项税额是按照销售额和规定税率计算并向购买方收取的增值税额。其计算公式为：

$$销项税额 = \frac{销售额}{1 + 税率} \times 税率 \qquad (2-14)$$

进项税额是指纳税人购进货物或者应税劳务所支付或者负担的增值税额。准予从销项税额中抵扣的进项税额是指从销售方取得的增值税专用发票上注明的增值税额，或从海关取得的完税凭证上注明的增值税额。小规模纳税人销售货物或者应税劳务，实行简易办法计算应纳税额，一般不使用增值税专用发票，实行按销售收入全部金额及规定的6%征收率计算应纳增值税额。

在技术经济分析中，增值税作为价外税可以不包括在营业税金及附加中，也可以包含在营业税金及附加中。如果不包括在营业税金及附加中，产出物的价格不含有增值税中的销项税，投入物的价格中也不含有增值税中的进项税。但在营业税金及附加的估算中，为了计算城乡维护建设税和教育费附加，有时还需要单独计算增值税额，作为城乡维护建设税和教育费附加的计算基数。

（二）消费税

消费税是对在我国境内生产、委托加工和进口规定的应税消费品的单位和个人征收的一种税。消费税是在普遍征收增值税的基础上，根据消费政策、产业政策的要求，有选择地对部分消费品征收的一种特殊的税种。

目前，我国的消费税主要针对 5 类 11 项消费品征收。5 类消费品包括一些过度消费会对健康、社会秩序、环境造成危害的消费品，非生活必需品，高能耗及高档消费品，不可再生和替代的稀缺资源消费品，税基广、消费普遍、征税后不影响居民基本生活的消费品。11 项消费品包括烟、酒及酒精、鞭炮和焰火，化妆品、首饰和珠宝玉石，摩托车、小汽车，汽油、柴油，护肤护发用品、汽车轮胎。

消费税实行从价定率或者从量定额的办法计算应纳税额。其计算公式为：

$$实行从价定率办法计算的应纳消费税额 = 销售额 \times 税率 \qquad (2-15)$$

$$实行从量定额办法计算的应纳消费税额 = 销售数量 \times 单位税额 \qquad (2-16)$$

在应税消费品中除黄酒、啤酒、汽油、柴油四种产品实行从量定额计税办法外，其他产品都实行从价定率的计税办法。

（三）营业税

营业税是对在我国境内从事交通运输业、建筑业、金融保险业、邮电通信业、文化体育业、娱乐业、服务业或有偿转让无形资产、销售不动产行为的单位和个人，就其营业额所征收的一种税。

除娱乐业适用 5% ~ 20% 的幅度税率外，金融保险业、服务业、转让无形资产、销售不动产的税率均为 5%，其余均为 3%，其计算公式为：

$$应纳营业税税额 = 营业额 \times 适用税率 \qquad (2-17)$$

（四）资源税

资源税是对在我国境内从事某些初级资源（如原油、天然气、煤炭等）开采和生产盐的单位和个人征收的一种税。其主要目的在于调节因资源条件差异而形成的级差收入。资源税采用从量定额的办法征收，实施"普遍征收，级差调节"的原则，其计算公式为：

$$应纳资源税税额 = 课税数量 \times 适用单位税额 \qquad (2-18)$$

课税数量是指纳税人开采或者生产应税产品的销售数量或自用数量。单位税额根据开采或生产应税产品的资源状况而定，具体按《资源税税目税额幅度表》执行。如原油为8~30元/t，有色金属矿原矿为0.4~30元/t。

（五）营业税附加

城市维护建设税和教育费附加又称为营业税附加，是为了筹集城市维护建设资金和教育事业资金而设立的税种和附加费用。城市维护建设税以增值税、营业税和消费税税额为计税依据，税率根据项目所在的市、县、镇及其以外的所在地不同分为三个等级。教育费附加也是以增值税、消费税和营业税额为征税依据，税率由地方确定。

（六）企业所得税

企业所得税是对我国境内企业（不包括外资企业）取得的生产经营所得和其他所得征收的一种税。按照企业所得税法，企业所得税实行25%比例的税率。但对符合条件的小型微利企业适用税率20%，国家需要重点扶持的高新技术企业适用税率15%。企业所得税计算公式为：

$$应交所得税 = 应纳税所得额 \times 所得税税率 \qquad (2-19)$$

$$应纳税所得额 = 利润总额 \pm 税收调整项目金额 \qquad (2-20)$$

$$利润总额 = 产品销售利润 + 其他业务利润 + 投资净收益 + 营业外收支净额 \qquad (2-21)$$

$$产品销售利润 = 产品销售净额 - 产品销售成本 - 产品销售税金及附加 - 销售费用 - 管理费用 - 财务费用 \qquad (2-22)$$

国家对外商投资企业、高新技术企业，以及利用废水、废气、废渣等废弃物为主要生产原料的企业实行税收优惠政策。

（七）进（出）口关税

关税是由海关对进出国境或关境的货物、物品征收的一种税。项目评价中涉及引进设备、技术和进口原材料时，可能需要估算进口关税。为鼓励出口，我国对于一般出口商品不征收出口税。但对国内外差价大，在国际市场上容量有限，而又竞争性强的商品，以及需要限制出口的极少数原料和半成品，征收适当的出口关税，其计算公式为：

$$应纳进（出）口关税税额 = 进（出）口应税货物数量 \times 单位完税价格 \times 适用税率$$

$$(2-23)$$

（八）城镇土地使用税

城镇土地使用税是以城镇土地为征税对象，对拥有土地使用权的单位、个人征收的一种税，其计算公式为：

$$全年应纳城镇土地使用税税额=实际占用应税土地面积×适用税额 \qquad (2-24)$$

考虑到我国各地区存在着悬殊的土地级差收益，同一地区内不同地段的市政建设情况和经济繁荣程度也有较大的差别，将城镇土地使用税税额定为幅度税额，拉开档次，而且每个幅度税额的差距规定了 20 倍。按大、中、小城市和县城、建制镇、工矿区分别规定每平方米城镇土地使用税的年应纳税额，具体标准为：①大城市 0.5~10 元；②中等城市 0.4~8 元；③小城市 0.3~6 元；④县城、建制镇、工矿区 0.2~4 元。

五、利润

利润是企业在一定时期内生产经营活动的最终财务成果，它集中反映了企业生产经营各方面的效益。企业生产经营的最终目的就是要努力扩大收入，尽可能地降低成本费用，提高企业的经济效益。由于收入、成本费用包含的经济内容不同，利润也就有着不同的含义。

（一）销售利润

销售利润是指企业销售产成品、自制半成品（含外购商品）以及工业性劳务所获得的收入，减去为获得销售收入而支出的销售成本与销售费用，再减去销售税金及附加后的余额，其计算公式为：

$$销售利润=销售净额-销售成本-销售费用-销售税金及附加 \qquad (2-25)$$

$$销售净额=销售总额-（销货退回+销货折扣与折让） \qquad (2-26)$$

（二）利润总额

利润总额是指企业在一定时期内实现盈亏的总额。企业利润一般除包括营业利润、投资净收益和营业外收支净额三部分外，再加上补贴收入和以前年度损益调整数，就构成企业当期的利润总额，其计算公式为：

$$利润总额=营业利润±投资净收益±营业外收支净额+补贴收入±以前年度损益调整$$
$$(2-27)$$

$$营业利润=主营业务收入-主营业务成本-主营业务税金及附加+其他业务利润-营业费用-管理费用-财务费用$$
$$(2-28)$$

在对工程项目进行经济分析时，为简化计算，在估算利润总额时，假定不发生其他业务利润，也不考虑投资净收益、补贴收入和营业外收支净额，本期发生的总成本等于主营业务成本、营业费用、管理费用和财务费用之和，并且视项目的主营业务收入为本期的销售（营业）收入，主营业务税金及附加为本期的营业税金及附加，则利润总额的估算公式为：

$$\text{利润总额} = \text{产品销售（营业）收入} - \text{营业税金及附加} - \text{总成本费用} \qquad (2-29)$$

在电力工程项目的经济分析中，利润总额是计算一些静态指标的基础数据。

（三）税后利润

税后利润是企业利润总额扣除应交所得税后的利润。计算税后利润首先将计算的利润总额根据税法调整为应纳税所得额，应纳税所得额与所得税率的乘积为应交所得税额，用当期利润总额减去应交所得税额，即为企业的税后利润，又称为净利润，其计算公式为：

$$\text{税后利润} = \text{利润总额} - \text{应纳税所得额} \times \text{所得税税率} \qquad (2-30)$$

$$\text{应纳税所得额} = \text{利润总额} \pm \text{税收调整项目金额} \qquad (2-31)$$

第三节　电力技术经济评价的方法

一、静态评价法

静态评价法是在不考虑资金时间价值的前提下，对方案在研究期内的收支情况进行分析、评价的方法。静态评价方法比较简单，易于计算，主要用于方案的初选阶段。静态评价方法主要如下：

（一）静态投资回收期法

静态投资回收期是指不考虑资金的时间价值，从项目投建之日起到项目投产后，用获得的净收益回收其全部投资所需要的时间。一般情况下，计算静态投资回收期可采用累计计算法。根据项目各年的净现金流量，从投资时刻（即零时刻）开始，依次求出以后各年的净现金流量之和，即累计净现金流量，直至累计净现金流量等于零的年份为止，则对应累计净现金流量等于零的年份数，即为项目从投资年份开始算起的静态投资回收期，其计算公式为：

$$\sum_{t=0}^{T_j} (CI - CO)_t = 0 \quad (t = 0,\ 1,\ 2,\ 3,\ \cdots,\ n) \qquad (2-32)$$

式中，CI——现金流入；

$\quad\quad CO$——现金流出；

$\quad\quad T_j$——静态投资回收期。

计算中，累计净现金流量等于零可能出现在非整数年份，这时引用线性插值法计算静

态投资回收期,其计算公式为:

$$T_j = 累计净现金流量开始出现正值的年份数 - 1 + \frac{上年累计净现金流量的绝对值}{当年净现金流量} \tag{2-33}$$

静态投资回收期指标的优点是概念明确,简单易用,并且兼顾反映项目的经济性和风险性。因而静态投资回收期指标是人们容易接受和乐于使用的一种经济评价方法。静态投资回收期指标的缺点是:没有反映资金的时间价值。另外,由于它舍弃了回收期以后的收支情况,故不能全面反映项目在寿命期内的真实经济效果,难以对不同技术方案的比较选择做出正确判断,所以在实际应用中只能作为辅助性指标,必须结合其他评价指标做出决策。

静态追加投资回收期法是用增量分析法进行技术方案经济评价的时间性评价方法之一,适用于两个技术方案的经济比较与选择。静态追加投资回收期实际上是投资增量的回收期,又称差额投资回收期。当对投资额不同的两个技术方案进行比较时,必须考虑追加(差额)投资部分的经济效益,才能得出正确的评价结论,其计算公式为:

$$\Delta T = \frac{K_2 - K_1}{C_1 - C_2} = \frac{\Delta K}{\Delta C} \tag{2-34}$$

式中,ΔT——追加投资回收期,表示方案 Ⅱ 和方案 Ⅰ 的追加投资回收期;

K_1,K_2——方案 Ⅰ 和方案 Ⅱ 的初始投资,且 $K_2 > K_1$;

C_1,C_2——方案 Ⅰ 和方案 Ⅱ 经营成本,且 $C_2 < C_1$;

ΔK——方案 Ⅱ 比方案 Ⅰ 多追加的投资,且 $\Delta K = K_2 - K_1$;

ΔC——方案 Ⅰ 比方案 Ⅱ 节约的经营费用,且 $\Delta C = C_1 - C_2$。

静态追加投资回收期 ΔT 的含义为:用方案 Ⅱ 比方案 Ⅰ 所节约的经营费用 ΔC 来补偿方案 Ⅱ 比方案 Ⅰ 多追加的投资 ΔK 时所需要的时间。

静态追加投资回收期指标多用于两个相互替代技术方案的经济比较,因此不能反映单个方案的经济效益。应用静态追加投资回收期法的条件是 $K_2 > K_1$ 和 $C_2 < C_1$,并且投资小的方案被证明是可行的。

静态追加投资回收期法用于方案评价时的判别准则为:当 $\Delta T \leq T_b$ 时,方案 Ⅱ 优于方案 Ⅰ;当 $\Delta T > T_b$ 时,方案 Ⅰ 优于方案 Ⅱ。

应用静态追加投资回收期对多方案进行择优决策的方法是:先按各可行方案投资额的大小顺序,由小到大依次排列,然后采用环比计算追加投资回收期,逐个比较后进行替代式淘汰,最后留下的一个方案为最优方案。

追加投资回收期只能衡量两个技术方案之间的相对经济性,不能决定一个方案比另一个方案到底好多少。当两方案的投资额与年经营费差别很小时，不能用该指标，否则会得出错误结论。另外，在方案较多时，用这种方法来选择最优方案显得很麻烦，且易出错。为了简化对比工作，多采用价值性指标分析法来选择最优方案。

（二）投资收益率法

投资收益率又称投资效果系数，是指项目达到设计生产能力后在正常生产年份每年获得的净收入与原始投资的比值。它是考查项目单位投资盈利能力的静态指标，其计算公式为：

$$ROI = \frac{R}{K} \qquad (2-35)$$

式中，ROI——投资收益率；

　　　　K——总投资，指固定资产投资、建设期利息、流动资金之和；

　　　　R——达产年净收益或年均净收益，根据不同的分析目的，R 可以是利润，可以是利润税金总额，也可以是年净现金流入等。

投资收益率法用于项目（或技术方案）评价时的判别准则为：当 $ROI \geq i_0$（基准投资收益率）时，认为被评价项目或技术方案的投资效果已达到预期要求，项目或技术方案在经济上是可行的；反之，则说明项目或技术方案的投资效果达不到国家或行业的平均水平，项目或技术方案在经济上是不可行的。在实际项目论证中，可根据需要对公式中的基准投资收益率计算采用不同的取值口径，以用于不同的目的，常用的基准投资收益率有三种形式。

1. 投资利润率

投资利润率是指项目达到设计生产能力后正常生产年份的年利润总额与项目总投资的比率。它是考查项目单位投资盈利能力的静态指标，其计算公式为：

$$投资利润率 = \frac{年利润总额}{项目总投资} \times 100\% \qquad (2-36)$$

投资利润率可根据损益表中的有关数据计算求得。在财务评价中，将投资利润率与行业平均投资利润率相比较，以判别项目单位投资盈利能力是否达到本行业的平均水平。

2. 投资利税率

投资利税率是指项目达到设计生产能力后正常年份的年利税总额与项目总投资的比率。它是考查项目单位投资对国家积累的贡献水平，其计算公式为：

$$投资利税率 = \frac{年利税总额}{项目总投资} \times 100\% \qquad (2-37)$$

投资利税率可根据损益表中的有关数据计算求得。在财务评价中，将投资利税率与行业平均投资利税率相比较，以判别项目单位投资对国家积累的贡献水平是否达到本行业的平均水平。

3. 资本金利润率

资本金利润率是指项目达到设计生产能力后正常生产年份的年利润总额与项目资本金的比率。它反映投入项目的资本金的盈利能力，其计算公式为：

$$资本金利润率 = \frac{年利润总额}{资本金} \times 100\% \qquad (2-38)$$

其中，资本金是指企业自有资本减去资本溢价。使用资本金利润率评价项目也是将该指标与行业平均水平比较，用以判别项目的财务获利能力。

正如所有的静态指标一样，投资收益率指标也没有反映资金的时间价值，不能体现早期收益比后期收益的优越性。但其具有自己的优点，主要有：①该指标与国家统计资料和企业有关财务资料较为对口，计算简单方便，如投资利润率就可以根据损益表的有关数据计算求得；②该指标的基准容易确定，实际可操作性强，可以选取银行利率、企业利税率等作为基准投资收益率。

（三）追加投资收益率法

追加投资收益率（ΔROI）也称为增量投资效果系数，是指在两方案比较时年净收益增量除以投资增量，表示单位投资的增长额可获得的净收益增量，即投资的边际效益，其计算公式为：

$$\Delta ROI_{A-B} = \frac{\Delta R}{\Delta K} = \frac{R_A - R_B}{K_A - K_B} \qquad (2-39)$$

判断规则：若 $\Delta ROI \geq i_0$，则说明追加投资的效益良好，追加投资可行；同时，也表明投资较多方案的纯经济效益不劣于投资较少的方案。反之，则相反。

二、动态评价法

（一）动态投资回收期法

动态投资回收期是指考虑资金时间价值，从项目投建之日起到项目投产后，在给定的基准收益率 i_0 下，用方案各年净收益的现值来回收全部投资的现值所需要的时间，其计算公式为：

$$\sum_{t=0}^{T_d} (CI - CO)_t (1 + i_0)^{-t} = 0 \qquad (2-40)$$

式中，T_d——动态投资回收期；

　　　i_0——基准收益率。

若各年的净收益相等，均为 R，项目的总投资现值为 K_0，不考虑建设期，引用年金现值公式及动态投资回收期的定义，可直接写出 $R(P/A, i_0, T_d) - K_0 = 0$。

移项整理后两边取对数得动态投资回收期的公式为：

$$T_d = \frac{\lg R - \lg(R - i_0 K_0)}{\lg(1 + i_0)} \tag{2-41}$$

式中的投资总额 K_0 应为一次性投入的初始投资，因此若项目为分期投资，则应将其折算成期初一次性投资的总现值后，才能代入式（3-42）进行计算。

在实际计算中，由于各年净现金流量常常是不相等的，故常用累计计算法求解动态投资回收期 T_d，其计算公式为：

$$T_d = 累计净现金流量现值开始出现正值的年份数 - 1 + \frac{|上年累计净现金流量现值|}{当年净现金流量现值}$$

$$\tag{2-42}$$

与静态投资回收期指标相比，动态投资回收期指标的优点是考虑了资金的时间价值，但计算却复杂多了，并且在投资回收期不长和基准收益率不大的情况下，两种投资回收期的差别不大，不至于影响方案的选择，因此，动态投资回收期指标不常用。只有在静态投资回收期较长和基准收益率较大的情况下，才须计算动态投资回收期。动态投资回收期指标的缺点是未考虑回收期以后的现金流量。

动态追加投资回收期法是在考虑资金时间价值前提下，用增量分析法进行技术方案经济评价的时间性评价方法之一，适用于两个技术方案的经济比较与选择。

（二）现值法

现值法是指将技术方案各年的净现金流量，按照基准收益率折算到期初的现值，并根据现值之和来进行评价的方法。现值法依据不同情况可分为费用现值法、净现值法和净现值率法。

1. 费用现值法

费用现值法是将技术方案逐年的投资与寿命期内各年的经营费用按基准收益率折算成期初的现值，然后对各方案的费用现值总和进行比较选择的方法。费用现值的计算公式为：

$$PC = \sum_{t=0}^{n} CO_t(P/F, i_0, t) \tag{2-43}$$

式中，PC——费用现值；

CO_t——第 t 年的现金流出；

n——技术方案的寿命期；

i_0 基准收益率（基准折现率）。

费用现值法用于多个方案的比选。其判别准则是：若比较方案的寿命期相同时，费用现值最小的方案为优。若比较方案的寿命期不同，则需要确定研究周期，进行处理后再选取费用现值最小的方案作为最优方案。由于费用现值法只能反映方案费用的大小，不能反映其收益情况，因此，这种方法只能用于多方案优劣的比较，而不能判断单个方案的经济可行性。

2. 净现值法

净现值法是将技术方案整个寿命期内各年的净现金流量，按基准收益率折算到寿命期初的现值之和，并根据现值之和来选出最优方案的一种方法，其计算公式为：

$$NPV = \sum_{t=0}^{n} (CI - CO)_t (P/F, i_0, t) \tag{2-44}$$

式中，NPV——净现值。

（1）净现值法的判别。其判别准则如下：

第一，对于单一项目方案而言。若 $NPV > 0$，表明该方案除能达到要求的基准收益率外，还能得到超额收益，方案在经济上可行；若 $NPV = 0$，表明该方案正好达到要求的基准收益率水平，方案在经济上合理，一般可行；若 $NPV < 0$，表明该方案没有达到要求的基准收益率水平，该方案在经济上不合理，不可行。

第二，用于多方案比较。若方案的寿命期相同，且投资者所追求的目标是获得最大的纯经济效益，则以 NPV 最大者为优；若方案寿命期不一致，为了满足时间上的可比性，则必须采用一些假设，确定一个共同的研究周期，才可以对方案进行评价比较。研究周期的确定，一般采用如下两种方法：

最小公倍数法（方案重复法）。最小公倍数法是以不同方案使用寿命的最小公倍数作为共同的计算期，并假设每一方案在这一期间内重复投资，以满足不变的需求，据此计算出各方案的净现值，然后进行方案的比选。

研究期法。利用最小公倍数法来确定研究周期，其实质是以延长项目投资寿命期来达到时间可比性的要求，一般被认为是合理可行的。但是在实际投资中，这种假设重复往往不尽合理，而且随着技术进步，一个完全相同的方案在一个较长的时期内反复重复的可能性不大，如自然储量有限的不可再生性资源开采问题、遭无形磨损设备的更新换代问题等。对于这些寿命期不同或者其最小公倍数较大的多方案比选，可以按照实际需要来确定一个适宜的研究周期，即采用"研究期法"来确定其研究周期。

（2）净现值法的实质。净现值表示在基准收益率的情况下，将方案在不同时点发生的净现金流量折现到期初时，整个寿命期内所能得到的净收益。如果方案的净现值等于零，表明技术方案的动态投资回收期（从投资开始时刻算起）等于方案的计算期，说明该方案的投资收益率达到了行业或部门规定的基准收益率水平。如果方案的净现值大于零，表明方案的动态投资回收期小于该方案的计算期，说明该方案的投资收益率达到行业或部门规定的基准收益率外，还有超额收益。也就是说，该方案的投资收益率高于行业或部门规定的基准收益率水平。

（3）净现值的计算。净现值是反映技术方案投资盈利能力的一个重要动态评价指标，被广泛应用于技术方案的经济评价中。其优点是不仅考虑了资金的时间价值和方案在整个寿命期内的费用和收益情况，而且直接以金额表示方案投资的收益性大小，比较直观。在计算净现值时，要注意以下几点：

第一，计算期内各年的净现金流量的预测。由于净现值指标考虑了技术方案在计算期内各年的净现金流量，因此，预测的准确性至关重要，直接影响到技术方案净现值的大小。特别是对计算期比较长的方案，准确地预测计算期内各年净现金流量常常是一件困难的事情。

第二，基准折现率 i_0 的选择与确定。基准折现率 i_0 又称为目标收益率或最低期望收益率，它是投资者进行投资时可以接受的一个最低界限标准，是投资者对资金时间价值的最低期望值。

常用的基准收益率主要有行业财务基准收益率和社会折现率。行业财务基准收益率是各行业计算财务净现值的折现率，也是其评价财务内部收益率的基准判别。行业财务基准收益率代表行业内投资资金应当获得的最低财务盈利水平，代表行业内投资资金的边际收益率。社会折现率是对项目进行国民经济评价的重要通用参数，它表示从国家的角度对资金机会成本和资金时间价值的估量，也是衡量经济内部收益率的基准值。用社会折现率作为基准折现率计算的净现值称为经济净现值。

基准折现率 i_0 是技术经济分析中一个重要的经济参数，直接关系到投资方案或项目的取舍。确定基准折现率 i_0 的大小，需要充分考虑其资金来源、借贷利息、投资收益、风险大小以及投资的机会成本等。最低期望收益率应该是借贷资金成本、全部资金综合成本和项目投资机会成本三者中的最大值再加上投资风险补偿系数。

（三）年值法

年值法是通过资金等值计算，将方案的现金流量折算成寿命期内各年的等额年值，用以评价技术方案的经济评价方法。年值法主要有费用年值法和净年值法。

1. 费用年值法

费用年值法是将方案逐年的投资与寿命期内各年的经营费用按基准收益率换算成年值，然后对各方案的费用年值进行比较，以选出最优方案的一种评价方法。费用年值的计算公式为：

$$AC = \sum_{t=0}^{n} CO_t (P/F, \ i_0, \ t) \ (A/P, \ i_0, \ t) \qquad (2-45)$$

式中，AC ——费用年值。

对多个方案比选时，其判别准则是：费用年值最小的方案为优。

2. 净年值法

净年值与净现值在判断项目是否可行时的结论总是一致的，实质上，它们是等价的评价指标。净现值法是把投资方案在不同时点上的现金流量折算到投资开始时刻，加总后进行方案的比较。而净年值法是把投资过程发生的资金在寿命期内"拉平"，即变成等额年金形式进行比较。由于二者计算方法和包含的信息含义有所不同，在进行方案比较时，有时采用净年值比净现值更为方便。

净现值法与净年值法的缺点是需要预先确定基准收益率才能进行现金流量换算。正确地确定基准收益率是运用这两种方法的前提条件。

第三章　电力系统自动化及其经济调度

在现代社会中，电力作为重要的能源供应方式，为各行各业的正常运转提供了不可或缺的支持。随着工业化和城市化的不断发展，电力需求呈现出不断增长的趋势，这使得电力系统的管理和运行变得更为复杂。传统的手动操作已经难以满足电力系统的需求，因此引入自动化技术成为当务之急。为了更好地管理和优化电力系统的运行，电力系统自动化应运而生。

第一节　电力系统及其自动化发展

一、电力系统的特点及要求

（一）电力系统的特点

现代电力系统是一个大型复杂的系统，电力系统同其他的工业系统相比有着明显的特点，主要表现在以几个下方面：

第一，电能不能大量储存。电能的生产、传输、分配、消费的各个环节都是在同一时间内进行的，是一个复杂的连续生产消费过程。在地域上分布辽阔，而在电气上自成一体，在任何时刻，电力系统中发电厂生产的电能都取决于同一时刻用电设备消费的能量与输送、分配中损耗的电能之和，不能大量储存，这是电能生产的最大特点。这个特点要求在运行时保持电源和负荷之间的功率平衡，每一时刻发出的总电能等于系统消耗的总电能，而且要求所有的中间传输环节都畅通无阻，以使发出的电能有秩序地输送出去。电力系统中任何一个元件的参数和运行状态的变化，都会迅速地影响到系统中其他元件的正常工作，所以在电力系统中任何一处发生故障，都会影响电力系统正常工作，应及时而正确地处理，否则将使事故影响扩大，并波及电力系统其他运行部分，以致造成大面积停电。因此，电力系统的各个设备环节之间具有十分紧密的相互依赖关系。

第二，电能供应拥有重要性。由于电能易于进行大量生产、集中管理、远距离输送、自动控制，且与其他能量之间转换方便，使用电能较使用其他能量有显著优点。因此，电能是国民经济各部门和人们物质文化生活中不可缺少的主要能源，电能质量不合格会引起产品质量和生产率的下降，还会造成人身伤亡和设备损坏事故，其供应的中断或不足将会直接影响国民经济各部门的正常运转和人们的生活质量。

第三，暂态过程迅速。电的传播速度是光速，电力系统中任何一处发生的电磁变化过程，都会以光速传播而影响整个电力系统，所以电力运行中发生突变所引起的电磁方面的变化过程是极其迅速的。电力系统的正常操作，如发电机、变压器、电力线路等元件的投入和退出都是在极短时间内完成的；电力系统出现的故障，如雷击引起线路闪络、短路、断线等故障，以及运行人员误操作造成断路器误跳闸等，也都是在一瞬间完成的。因此，在电力系统中要求进行快速控制和快速排除故障，否则将危及整个电力系统的安全稳定运行。

第四，电力系统拥有复杂性。由于现代电力系统装机容量越来越大，供电距离越来越远，其中所包含的厂、站及线路的数量及电压等级也越来越多，而且地域分布辽阔，纵横交错，受天气等自然因素干扰严重，因此，在控制系统的分类中，它属于大型复杂系统。

（二）电力系统的要求

电力系统一次能源调度、发电机起停、负荷分配、电网结构、潮流分布和负荷管理的合理性，都会影响电力系统运行的经济效益。由于电力系统规模和容量的不断扩大，系统结构、运行方式日益复杂，单纯依靠人力来监视电力系统的运行状态，正确而及时地进行各项操作，迅速地处理事故，已经是不可能了。必须运用现代控制理论、电子技术、计算机技术、通信技术、图像显示技术等高新科学技术来实现电力系统的自动化，这是现代电力系统安全可靠和经济运行的重要保证，可以说，现代电力系统如果没有电力系统自动化是根本无法运行的。

根据电力系统的特点，对电力系统提出的基本要求及电力系统自动化的控制目标就是：在安全可靠的基础上，力求优质、高效与环保。

1. 保证优质电能

电能是一种商品，衡量电能商品质量的指标主要是频率、电压和波形三项。电能质量分为稳态电能质量和暂态电能质量。稳态电能质量是指电力系统在稳态运行方式下所具有的电能质量参数，主要包括五个电能质量指标：电压偏差、频率偏差、波形畸变（谐波）、三相不平衡度、电压波动闪变。而暂态电能质量则指电力系统在暂态过程中所表现出来的电能质量参数，其主要指标有电压的上凸下凹、瞬时电压中断等。一般情况的电能质量指稳态电能质量。

（1）电压偏差：属基波无功范畴。影响因素包括系统电源阻抗的存在、负荷波动、电能传输的导线线径、供电距离、潮流分布、调压手段、无功补偿容量等。无功功率平衡才能保证电压在运行范围内，无功随负荷变化，手动无法跟踪。

（2）频率偏差：属基波有功问题，主要与系统有功储备有关。有功平衡才能保证频率在运行范围内，有功随负荷变化，手动无法跟踪。

（3）谐波（波形）：属非线性负荷用电特性问题，与系统供电质量水平关系不大。波形畸变有二：故障导致稳定破坏、谐波污染，二者均需要通过自动装置解决。

（4）三相不平衡度：属于基波负荷配置问题。其不仅与客户负荷的特性有关，也与系统的规划、负荷分配有关。不平衡度即负序分量有效值与正序分量有效值之比。三相不平衡危害有：①旋转电机的附加发热和振动；②引起以负序分量为启动元件的多种保护误动；③引起发电机容量利用率下降和变压器使用寿命的缩短；④引起网损的加大和正常的通信质量降低等。

（5）电压波动和闪变：属无功冲击问题，主要与负荷用电特性有关。指在稳态运行情况下，由持续性波动的负荷引起的一种周期性电压波动。波动负荷主要有电弧炉、感应炉的变频电源、电焊机、频繁启动的电焊机。以白炽灯通光量和闪烁频度作为判断。

2. 保证安全可靠

电力生产中的安全可靠，就是不发生事故，就是在保证人身与设备安全的前提下不中断供电，这是电力部门的头等大事。因为电力系统一旦发生事故，其危害是非常严重的，轻者导致电力设备的损坏，部分用户停电，给生活和生产造成一定的损失；重者则波及电力系统的广大区域，甚至引起整个电力系统的瓦解，使成千上万的用户失去供电，使生产设备受到大规模的严重损坏，甚至造成人员的伤亡，造成极大的经济损失及社会影响。

电力系统的安全运行控制可以用等式约束条件和不等式约束条件来描述。在稳态运行中，电力系统应能持续不间断地完成发电、输配电和供电的生产过程，在数量和质量上满足用户用电要求。为此，必须保证满足两种条件方程，也称为约束方程。

（1）等式约束条件。系统发出的总的有功功率和无功功率应在任一时间与总的有功和无功负荷（包括网损）相等。

（2）不等式约束条件。为了保证系统安全运行，有关电气设备的运行参数都应处于运行允许值范围内。

输变电设备的正常操作、故障的快速切除和恢复均通过自动装置，才能保证电力系统运行的安全可靠。

3. 保证经济运行

电力系统运行控制的目标，除了首要关注的安全可靠问题和电能质量问题外，还应当合理安排各类发电厂所承担的负荷，力求降低发电成本，减少网络传输损失，以获得最大的经济效益，全面地提高整个电力系统运行的经济性。没有自动化系统的参与，电力系统的经济优化调度、运行和降低网损等是很难实现的。

4. 符合环境保护要求

能源和环境是人类赖以生存和发展的最基本的条件。电力是现代社会不可或缺的最重要的能源，同时，电力的生产又对环境产生很大的影响。电力系统调度也同样肩负着"保护环境，减少污染"的主要责任，符合环保要求，也是电力系统运行控制的目标之一。

二、电力系统自动化及其发展历程

"近年来，电力系统自动化进程加快，虽然带来了效率上的升级，但由于操作不当，也造成了许多安全事故。国家对电力系统自动化技术要求严格，加上各地区的用电量越来越大，对自动化技术的要求越来越高。"[①]

（一）电力系统自动化的界定

电力系统（一次系统）：电能生产、输送、分配和消费所需要的发电机、变压器、电力线路、断路器、母线和用电设备等互相连接而成的系统，也称电工一次系统，其中所包括的电力设备称为"一次设备"。其特点是：能量系统、主系统、高电压、大电流。

电工二次系统（二次系统）：由对电工一次系统进行监视、控制、保护和调度所需要的自动监控设备、继电保护装置、远动和通信设备等组成的辅助系统。其中所包括的设备装置称为"二次设备"。其特点是：信息系统、辅助系统、低电压、小电流。

电力系统（综合）自动化：严格意义上说就是指电工二次系统。因历史原因被分成三部分：继保、远动、自动化，目前普遍意义上讲的自动化不包括继保、远动部分（含通信）。

电力系统自动化是指采用各种具有自动检测、决策和控制功能的装置，并通过信号系统和数据传输系统对电力系统各个元件、局部系统或全系统进行就地或远方的自动监视、协调、调节和控制，以保证电力系统安全经济运行和具有合格的电能质量。

电力系统综合自动化安全特点：装置维护调试方便，易于操作；装置功能多、先进、灵活，逻辑回路动作正确率和可靠性高；装置实现了遥控、遥测、遥信、遥调功能，可取代传统变电所的预告信号、事故影响、仪表监测的作用；实现远方监控，可取代传统的有

---

①王彬彬. 电力系统自动化技术应用研究 [J]. 光源与照明，2023，（04）：183.

人值守模式；能够迅速而正确地收集、检测和处理电力系统各元件、局部系统或全系统的运行参数，提高系统运行可靠性，即保证用电可靠性，比如自动重合闸，可使线路开关瞬间故障跳闸后在瞬间自动重合，不影响供电。

电力系统自动化的基本要求为：①迅速而正确地采集、检测和处理电力系统各元件、局部系统或全系统的运行参数；②根据电力系统的实际运行状态和系统各元件的技术、经济和安全要求为运行人员提供调节和控制的决策，或者直接对各元件进行调节和控制；③实现全系统各层次、各局部系统和各元件间的综合协调，寻求电力系统电能质量合格和安全经济运行；④提高供电可靠性，减少电力系统事故，延长设备寿命，提高运行水平，节省人力，减轻劳动强度。

（二）电力系统自动化的内容

按照电能的生产和分配过程，电力系统自动化包括电网调度自动化、火力发电厂自动化、水力发电站综合自动化、电力系统信息自动传输系统、电力系统反事故自动装置、供电系统自动化、电力工业管理系统自动化七个方面，并形成一个分层分级的自动化系统。

1. 电网调度自动化

"计算机技术的研发和应用以其特有的影响力，改变了人们的日常生活和工作节奏。"[①] 现代的电网自动化调度系统是以计算机为核心的控制系统，包括实时信息收集和显示系统，以及供实时计算、分析、控制用的软件系统。信息收集和显示系统具有数据采集、屏幕显示、安全检测、运行工况计算分析和实时控制的功能。在发电厂和变电站的收集信息部分称为远动终端，位于调度中心的部分称为调度端。软件系统由静态状态估计、自动发电控制、最优潮流、自动电压与无功控制、负荷预测、最优机组开停计划、安全监视与安全分析、紧急控制和电路恢复等程序组成。

2. 火力发电厂自动化

火力发电厂的自动化包括以下几个方面：

（1）厂内机、炉、电运行设备的安全检测，包括数据采集、状态监视、屏幕显示、越限报警、故障检出等。

（2）计算机实时控制，实现由点火至并网的全部自动启动过程。

（3）有功负荷的经济分配和出力的自动增减。

（4）母线电压控制和无功功率的自动增减。

①徐晶晶，梁淞．电力系统自动化中的计算机技术应用研究［J］．造纸装备及材料，2022，51（12）：47．

（5）稳定监视和控制。采用的控制方式有两种形式：一种是计算机输出通过外围设备去调整常规模拟式调节器的设定值而实现监督控制；另一种是用计算机输出外围设备直接控制生产过程而实现直接数字控制。

3. 水力发电站综合自动化

水力发电站综合自动化包括大坝监护、水库调度和电站运行三个方面。

（1）大坝计算机自动监控系统，包括数据采集、计算分析、越限报警和提供维护方案等。

（2）水库水文信息的自动监控系统，包括雨量和水文信息的自动收集、水库调度计划的制订，以及拦洪和蓄洪控制方案的选择等。

（3）厂内计算机自动监控系统，包括全厂机电运行设备的安全监测、发电机组的自动控制、优化运行和经济负荷分配、稳定监视和控制等。

4. 电力系统信息自动传输系统

电力系统信息自动传输系统简称远动系统，其功能是实现调度中心和发电厂变电站间的实时信息传输。自动传输系统由远动装置和远动通道组成。远动通道有微波、载波、高频、声频和光导通信等多种形式；远动装置按功能分为遥测、遥信、遥控、遥调四类。把厂站的模拟量通过变换输送到位于调度中心的接收端并加以显示的过程称为遥测；把厂站的开关量输送到接收端并加以显示的过程称为遥信；把调度端的控制和调节信号输送到位于厂站的接收端实现对调节对象控制的过程，称为遥控或遥调。远动装置按组成方式可分为布线逻辑式远动装置和存储程序式逻辑装置，前者由硬件逻辑电路以固定接线方式实现其功能，后者是一种计算机化的远动装置。

5. 电力系统反事故自动装置

反事故自动装置的功能是防止电力系统的事故危及系统和电气设备的运行。在电力系统中装设的反事故自动装置有两种基本类型。

（1）继电保护装置。其功能是防止系统故障对电气设备的损坏，常用来保护线路、母线、发电机、变压器、电动机等电气设备。按照产生保护作用的原理，继电保护装置分为过电流保护、方向保护、差动保护、距离保护和高频保护等类型。

（2）系统安全保护装置。用以保证电力系统的安全运行，防止出现系统振荡、失步解列、全网性频率崩溃和电压崩溃等灾害性事故。系统安全保护装置按功能分为四种形式：①属于备用设备的自动投入，如备用电源自动投入、输电线路的自动重合闸等；②属于控制受电端功率缺额，如低周波自动减负荷装置、低电压自动减负荷装置、机组低频自起动装置等；③属于控制送电端功率过剩，如快速自动切机装置、快关汽门装置、电气制动装置等；④属于控制系统振荡失步，如系统振荡自动解列装置、自动并列装置等。

6. 供电系统自动化

供电系统自动化包括地区调度实时监控、变电站自动化和负荷控制三个方面。地区调度的实时监控系统通常由小型或微型计算机组成，功能与中心调度的监控系统相仿，但稍简单；变电站自动化的发展方向是无人值班，其远动装置采用微型机可编程序的方式；供电系统的负荷控制常采用工频或声频控制方式。

7. 电力工业管理系统自动化

管理系统的自动化是指将管理过程中的各个环节通过计算机来实现自动化处理，提高管理效率和质量。主要项目包括以下几个方面：

（1）电力工业计划管理。通过计算机程序实现电力工业的计划管理，可以实现自动计算、分析以及评估电力工业的生产能力、需求、质量和效率等指标，从而为电力企业提供更加科学的决策依据。

（2）财务管理。自动化的财务管理系统可以实现对企业的财务收支、成本、利润和资产等方面进行快速、准确的记录和分析，进而实现对企业的财务状况进行全面、科学的评估，为企业提供预算和经营决策的依据。

（3）生产管理。生产管理系统通过计算机程序实现对企业内部生产流程的自动化处理，包括生产计划、库存管理、生产调度、生产作业、生产记录等方面，可以实现对生产成本、生产效率和质量的控制和管理。

（4）人事劳资管理。人事劳资管理包括企业员工的招聘、培训、福利待遇、薪酬管理等方面，通过计算机程序实现自动化处理，可以大大提高人事管理的效率与质量。

（5）资料检索。支持企业内部资料对知识管理和共享，支持在企业内部对各种业务资料进行检索和共享，从而快速、准确地获取所需信息，提高决策效率。

（6）设计和施工方面等。自动化管理系统可以强化团队合作和领导协作，并使得复杂的设计和施工过程更加协调和有序，提高工程建设的质量和效率。例如，可以通过计算机程序来自动计算建筑材料和配件的数量与种类，减少错误发生的可能性。

总之，管理系统的自动化是企业提高管理效率和质量的重要方式之一，通过计算机程序的自动化管理，可以使工作流程更加高效，提高生产效益和企业盈利。

（三）电力系统自动化的发展历程

电力系统自动化的发展史是自动控制技术与电力工业逐步发展壮大的历史，电力系统自动化是电力系统控制发展的必然。电力系统自动化的发展史可分为以下几个阶段：

1. 手工阶段

手工阶段是电力工业的初期萌芽阶段，其特点是小电厂单独运行、就近供电、手工操作。在发电机、开关设备旁就近监视设备和手工调节操作，这种工作方式的效果与运行工作人员的素质和精神状态有关，往往不能及时而正确地进行调节和操作，特别是在发生事故时，往往来不及对事故的发生和发展做出反应而导致事故扩大。

2. 简单自动装置阶段

随着用电负荷的大幅增长，用电设备增多，发电设备规模扩大，供电范围也不断扩大，对电能质量和安全可靠性提出了要求。为了保证电力系统安全运行和向用户供应合格的电能，开始出现单一功能的自动装置，这些自动装置包括继电保护装置、断路器自动操作装置、发电机自动调压和调速装置等。其特点是电能质量要求低，是单一的电力自动装置。

3. 传统调度中心阶段

20世纪60年代，出现了互联电网，为了保证电网安全稳定运行、可靠供电和各类电力生产工作有序进行，电力调度中心采用有效的管理手段，统一调度电厂和处理电网的异常和事故。由于通信设备等技术的限制，电力调度主要靠电话。在调度中心，每天由各厂站值班员定时打电话向调度员报告本厂、站的机组出力、线路潮流、母线电压等数据，严格地说，调度员了解的厂、站的信息，已属于"历史"信息。调度员根据这些情况进行汇总、分析。通过大量人工计算得到系统运行方式，结合这些有限的"历史"性的信息，加上个人的知识和运行经验，选择一种运行方式，再用电话通知各厂站值班员，由他们在现场进行操作。一旦电力系统发生事故，了解现场的情况，需要花费较长时间，然后凭经验进行事故处理，恢复正常运行。此阶段的特点是电网互联、统一调度、电话通信。

4. 具有"四遥"的单一自动化阶段

通信技术的发展，为解决现代初级阶段调度的实时性问题奠定了基础，出现了远距离信息自动传输装置，遥测、遥信方式的采用，相当于给调度中心安装了"千里眼"，可以有效地对电力系统的运行状态进行实时的监视，但仅能监视还不能满足调度的要求。随着计算机技术和通信技术的进一步成熟，远动系统提供了遥控、遥调的手段，一些调度开始实施把调度决策通过远动装置自动地传输到发电厂和变电站，对设备进行调节和控制，即进行遥调和遥控。

20世纪70年代末，我国开始四大电网的自动化技术引进，同时，国内的自动化研究机构和设备制造企业开始自动化系统的研究开发，到80年代后期，我国的第一代调度自动化系统在各个省和地区得到了应用，其功能主要为实现遥测和遥信的调度数据采集与监视控制系统。此阶段电力系统自动化有以下几个特点：

（1）电力系统继电保护、电力系统运动和电力系统自动化三者各自成体系，分别完成各自的功能。

（2）对单个电力设备和单一过程用分立的自动装置来完成自动化的某项单一功能。

（3）电力系统的统一运行主要靠电力系统调度中心的调度员根据遥测、遥信传来的信息，加上自己的知识和经验来指挥，部分系统实现了遥调、遥控。

5. 综合自动化阶段

电力工业成为必不可少的支柱产业，电网规模不断快速扩大，电力系统的结构和运行方式复杂，实现了"四遥"的调度中心，调度员面对大量不断变动的实时数据，采用单一功能的自动化装置很难满足电能质量、可靠和安全的需要。为此，电力调度普遍采用各类分析软件，出现了电力系统在线潮流、安全分析等许多功能，统称为能量管理系统。近年来，还研制了可以模拟电力系统各种事故状态，用以培训高水平调度员的"调度员培训模拟系统"。

在配电网自动化领域，我国在 20 世纪 90 年代中期开始应用能量管理系统。鉴于主网调度系统的应用经验，配电网自动化的技术起步就较高，建设的配电调度自动化系统已在各地普遍开始应用，系统中的配电管理开始应用。在变电站中，这一阶段变电站的自动化水平得到了快速发展，由传统的继电保护装置、远动装置、测量装置，以各自自成体系的模式向综合自动化方面发展，使基于微处理系统的综合自动化技术得到了完善，变电站普遍开始采用综合自动化系统。新的通信技术、计算机技术、控制技术、电力电子技术，为电力自动化的新装备和新系统奠定了基础，是自动化技术快速发展的阶段。

三、电力系统自动化的创新技术和发展趋势

（一）电力系统自动化的创新技术

目前，电力系统自动化技术发展很快，许多领域新方向都在研究之中，对电力自动化具有重要影响的主要有以下三项技术：

1. 电力系统的智能控制

在过去，电力系统的控制研究与应用大体上可分为三个阶段：①基于传递函数的单输入、单输出控制阶段；②线性最优控制、非线性控制；③多机系统协调控制阶段、智能控制阶段。

电力系统控制面临的主要技术困难有：①电力系统是一个具有强非线性和变参数（包含多种随机和不确定因素、多种运行方式和故障方式并存）的动态大系统；②具有多目标寻优和在多种运行方式及故障方式下的鲁棒性要求；③不仅需要本地不同控制器间协调，也需要异地不同控制器间协调控制。

智能控制是当今控制理论发展的新阶段，主要用来解决那些用传统方法难以解决的复杂系统的控制问题，特别适用于那些具有模型不确定性、强非线性、要求高度适应性的复杂系统。智能控制在电力系统工程应用方面具有非常广阔的前景，其具体应用有快关汽门的人工神经网络适应控制，基于人工神经网络的励磁、电掣动、快关综合控制系统结构，多机系统中的 ASVG（新型静止无功发生器）的自学习功能等。

2. FACTS 和 DFACTS

（1）FACTS。在电力系统的发展迫切需要先进的输配电技术来提高电压质量和系统稳定性的时候，一种改变传统输电能力的新技术——柔性交流输电系统（FACTS）悄然兴起。所谓"柔性交流输电系统"，又称"灵活交流输电系统"技术，简称 FACTS，就是在输电系统的重要部位，采用具有单独或综合功能的电力电子装置，对输电系统的主要参数（如电压、相位差、电抗等）进行调整控制，使输电更加可靠，具有更大的可控性和更高的效率。这是一种将电力电子技术、微机处理技术、控制技术等高新技术应用于高压输电系统，以提高系统可靠性、可控性、运行性能和电能质量，并可获取大量节电效益的新型综合技术。

（2）ASVC。ASVC 是 FACTS 的核心装置之一，各种 FACTS 装置的共同特点是基于大功率电力电子器件的快速开关作用和所组成逆变器的逆变作用。ASVC 是包含了 FACTS 装置的各种核心技术且结构比较简单的一种新型静止无功发生器，由逆变器和并联电容器构成，其输出的三相交流电压与所接电网的三相电压同步。它不仅可以校正稳态运行电压，而且可以在故障后的恢复期间稳定电压，因此，对电网电压的控制能力很强。与旋转同步调相机相比，ASVC 的调节范围大，反应速度快，不会发生响应迟缓，没有转动设备的机械惯性、机械损耗和旋转噪声，并且因为 ASVC 是一种固态装置，能响应网络中的暂态，也能响应稳态变化，因此，其控制能力大大优于同步调相机。

（3）DFACTS。随着高科技产业和信息化的发展，电力用户对供电质量和可靠性越来越敏感，电气设备的正常运行甚至使用寿命也与之越来越息息相关。可以说，信息时代对电能质量提出了越来越高的要求。DFACTS 是指应用于配电系统中的灵活交流技术，它是针对配电网中供电质量提出的新概念。其主要内容是：对供电质量的各种问题采用综合的解决办法，在配电网和大量商业用户的供电端使用新型电力电子控制器。

3. 基于 GPS 统一时钟的新一代 EMS 与动态安全监控系统

（1）基于 GPS 统一时钟的新一代 EMS。目前，正在应用的电力系统监测手段主要有侧重于记录电磁暂态过程的各种故障录波仪和侧重于系统稳态运行情况的监视控制与数据采集（SCADA）系统。前者记录数据冗余，记录时间较短，不同记录仪之间缺乏通信，使得对于系统整体动态特性分析困难；后者数据刷新间隔较长，只能用于分析系统的稳态特性。两者还具有一个共同的不足，即不同地点之间缺乏准确的共同时间标记，记录数据只是局部有效，难以用于对全系统动态行为的分析。

（2）基于 GPS 的新一代动态安全监控系统。基于 GPS 的新一代动态安全监控系统，是新动态安全监测系统与原有 SCADA 的结合。电力系统新一代动态安全监测系统，主要由同步定时系统、动态相量测量系统、通信系统和中央信号处理机四部分组成，采用 GPS 实现的同步相量测量技术和光纤通信技术，为相量控制提供了实现的条件。GPS 技术与相量测量技术结合的产物——PMU（相量测量单元）设备，正逐步取代 RTU 设备实现电压、电流相量测量（相角和幅值）。电力系统调度监测从稳态/准稳态监测向动态监测发展是必然趋势，GPS 技术和相量测量技术的结合，标志着电力系统动态安全监测和实时控制时代的来临。

随着计算机技术、控制技术及信息技术的发展，电力系统自动化面临着空前的变革。多媒体技术、智能控制将迅速进入电力系统自动化领域，而信息技术的发展，不仅会推动电力系统监测的发展，也会推动电力系统控制向更高水平发展。

（二）电力系统自动化总的发展趋势

现代社会对电能供应的"安全、可靠、经济、优质"等各项指标的要求越来越高，相应地，电力系统也不断地向自动化提出更高的要求。电力系统自动化技术应用不断地由低到高、由局部到整体发展。

1. 电力系统自动化技术的发展趋势

当今电力系统自动化技术的发展趋势如下：

（1）由发、输电自动化向发、输、配电自动化全面发展。

（2）柔性交流输电技术（FACTS）的发展进一步提高输电、配电自动化水平。

（3）在控制策略上，日益向最优化、适应化、智能化、协调化和区域化发展。

（4）在设计分析上，日益要求面对多级系统模型来处理问题。

（5）在理论工具上，越来越多地借助现代控制理论。

（6）在控制手段上，日益增多了微机、电力电子器件和远程通信的应用。

（7）在研究人员的构成上，日益需要多"兵种"的联合作战。

2. 整个电力系统自动化技术的发展趋势

整个电力系统自动化的发展趋势如下：

（1）由开环监测向闭环控制发展。例如，从励磁自动控制到 AGC（自动发电控制）。

（2）由高电压等级向低电压扩展。例如，从 EMC（能量管理系统）到 DMC（配电管理系统）。

（3）由单个元件向部分区域及全系统发展，例如，SCADA（监测控制与数据采集）的发展和区域稳定控制的发展。

（4）由单一功能向多功能、一体化发展，例如，变电站综合自动化的发展。

（5）装置性能向数字化、快速化、灵活化发展，例如，继电保护技术的演变。

（6）追求的目标向最优化、协调化、智能化发展，例如，励磁控制、潮流控制。

（7）以提高运行的安全、经济、效率为目标，同时向管理、服务的自动化扩展，例如，MIS（管理信息系统）在电力系统中的应用。

（8）现场总线技术在变电站综合自动化系统中的应用。

近年来，随着计算机技术、控制技术、通信技术和电力电子技术的不断发展，"电力系统自动化"无论其内涵或外延都发生了巨大的变化。如今电力系统已经成为一个 CCCPE 的统一体，即计算机（computer）、控制（control）、通信（communication）和电力电子（power electronics）。电力系统自动化处理的信息量越来越大，考虑的因素越来越多，直接可观可测的范围越来越广，能够闭环控制的对象越来越丰富。

第二节　电力系统的自动化控制

一、电力系统的运行与控制

《中华人民共和国电力法》规定，电网运行实行统一调度、分级管理；各级调度机构对各自调度管辖范围内的电网进行调度，依靠法律、经济、技术并辅之以必要的行政手段，指挥和保证电网安全稳定经济运行，维护国家安全和各利益主体的利益。

（一）电力系统的运行状态

电力系统的运行状态是指电力系统在不同运行条件（如负荷水平、出力配置、系统接线、故障等）下的系统与设备的工作状况。电力系统的运行状态有正常状态和非正常状态两种。为了便于对电力系统的运行状态进行管理，说明在不同运行情况之下如何对电力系统进行控制，须对电力系统运行状态进行分类。目前，电力系统运行状态的分类尚没有严格的定义，一般将其划分为正常状态、警戒状态、紧急状态、崩溃状态和恢复状态。

电网调度控制的内容与电网的运行状态是相关的。各种运行状态之间的转移，可通过控制手段来实现，如预防性控制、校正控制和稳定控制、紧急控制、恢复控制等。这些统称为安全控制。

电力系统在保证电能质量、安全可靠供电的前提下，还应实现经济运行，即努力调整负荷曲线，提高设备利用率，合理利用各种动力资源，降低煤耗、厂用电和网络损耗，以取得最佳的经济效益。

安全状态是指电力系统的频率、各点的电压、各元件的负荷均处于规定的允许值范围，并且当系统由于负荷变动或出现故障而引起扰动时，仍不致脱离正常运行状态。由于电能的发、输、用在任何瞬间都必须保证平衡，而用电负荷又是随时变化的，因此，安全状态实际上是一种动态平衡，必须通过正常的调整控制（包括频率和电压，即有功和无功调整）才能得以保持。

（二）电力系统的分区分级控制

电能的产、输、配、用是在一个电力系统中进行的，因此电力系统是一个分布面广、设备量大、信息参数多的系统。我国已经进行厂网分开的电力市场化改革，形成了南北两大电网公司和五大发电公司的格局。发电厂原则上通过电价竞价上网，电网公司负责对电网的建设、维护和调度。

根据电压等级和行政区，电网调度机构分为五级，即国家调度机构，跨省、自治区、直辖市调度机构，省、自治区、直辖市级调度机构，省辖市级调度机构，县级调度机构。目前，我国已建立了较完备的五级调度体系，分别是国家电力调度通信中心和南方电网调度中心；东北、华北、华东、华中、西北调度通信中心（简称网调），各省（直辖市、自治区）电力公司电力调度通信中心（简称省调）。此外，还有310多个地调和2000多个县调。

各个网级调度中心的管辖范围如下：

东北电网：辽宁、吉林、黑龙江、内蒙古东部电网。

华北电网：北京、天津、河北、山西、山东、内蒙古西部电网。

华东电网：上海、江苏、浙江、安徽、福建。

华中电网：河南、湖北、湖南、江西、四川、重庆。

西北电网：陕西、甘肃、青海、宁夏回族自治区、新疆维吾尔自治区、西藏自治区电网。

南方电网：广东、广西、云南、贵州、海南。

为了保证电力系统都能安全、经济、高质量运行，对各级调度都规定了一定的职责与功能。电网调度管理实行分层管理，因而调度自动化系统的配置也与之相适应，信息分层采集、逐级传送，命令也按层次逐级下达。分级调度可以简化网络的拓扑结构，使信息的传送变得更加合理，从而大大节省了通信设备，提高了系统运行的可靠性。

复杂系统的分层控制如下：

第一层是直接控制层。直接控制器从被控设备直接获取运行状态信息，按照一定的控制规律，实现生产过程的控制。

第二层是监督功能层。监督功能一般由设在直接控制器中的专门元部件执行，监督直接控制层的控制效果，提供被控设备的越限报警、故障跳闸及应急操作等。

第三层是寻优功能层。一般在多个设备并行工作时，以最优解作为控制器的给定值，实现多台设备的稳态最优运行。

第四层是协调功能层。在全系统范围内实时进行协调控制，其结果作为寻优功能的依据。

第五层是经营与管理层。经营与管理层把全系统的技术运行状态与经营依据，如市场、原料、人力资源、计划安排等进行综合分析，用以指导系统的协调功能。

（三）电力系统安全控制

电力系统安全控制的目的是采取各种措施使系统尽可能运行在正常运行状态。在正常运行状态下，调度人员通过制订运行计划和运用计算机监控系统实时进行电力系统运行信息的收集和处理，在线安全监视和安全分析等，使系统处于最优的正常运行状态。同时，在正常运行时，确定各项预防性控制，以对可能出现的紧急状态提高处理能力。这些控制内容包括系统以额定工况运行调整发电机出力、切换网络和负荷、调整潮流、改变保护整定值、切换变压器分接头等，使系统运行在最佳状态，在系统发生事故时有较高的安全水平。当电力系统一旦出现故障进入紧急状态后，则靠紧急控制来处理。这些控制措施包括继电保护装置正确快速动作和各种稳定控制装置等切除故障，防止事故扩大，平衡有功和无功，将系统恢复到正常运行状态或重新进入正常运行状态。

电力系统的安全控制按其功能可分为三类：①提高系统稳定的措施。主要有快速励磁、电力系统稳定器（PSS）、电气制动、快关汽机和切机、串联补偿、静止无功补偿（SVC）、超导电磁蓄能和直流调制等。②维持系统频率的措施。主要有低频减负荷、低频降电压、低频自起动、抽水蓄能机组低频抽水改发电、低频发电机解列、高频切机、高频减出力等。③预防线路过负荷的措施。主要有过负荷切电源、过负荷切负荷等。

提高电力系统稳定性和安全性可从以下两个方面采取措施：

第一，加强电网网架，提高系统稳定。线路输送功率能力与线路两端电压之积成正比，而与线路阻抗成反比。因此，为了减少线路电抗，提高系统的稳定性能，可以在线路上装设串联电容，这样可以在一定程度上减少线路阻抗，提高传输效率。另外，在长线路中间装设静止无功补偿装置，能够有效地保护线中间电压的水平，快速地调整系统无功功率，这是提高系统稳定性的重要手段。

第二，电力系统稳定控制和保护装置。提高电力系统稳定性的控制可包括两个方面：①失去稳定前，采取措施提高系统的稳定性；②失去稳定后，采取措施重新恢复新的稳定运行。

二、电力系统的可调可控点

对于现代巨大复杂的电力系统，不仅有各级调度中心（所）的调度人员，还有遍布各地的发电厂和变电站的值班运行人员，他们必须凭借各种各样的仪表和自动化监控设备，齐心协力，严密配合，才能共同完成对电力系统的指挥控制。在电力系统中可调可控点如下：

第一，发电机组调速器（调节原动机的进汽量或进水量），调节发电机有功功率。

第二，发电机励磁调节器（调节发电机的转子励磁电流），调节发电机无功功率。

第三，变压器挡位调节开关（改变变压器绕组的匝数比和电压比），调节变压器二次侧线电压。

第四，断路器（控制电路的通/断），投入/切除发电机、变压器、线路、负荷、电容器、电抗器、制动电阻，以及电网的解列/并网。

第五，调相机励磁调节器（调节调相机的转子励磁电流），调节调相机无功功率。

第六，静止补偿器（调节晶闸管的导通角），调节其无功功率。

第七，汽轮机组快关汽门，快速减少发电机有功功率。

第八，发电机灭磁开关，快速减少发电机定子电压。

在一个大型电力系统中，发电机会有几百台，变压器会有上万台，而断路器则有几万台。因此，大型电力系统的可调可控点一定是数以万计，甚至有几十万个。电力系统是一个紧密联系在一起的大系统，对其中每一点的调控都会波及整个电力系统，因此，要预先精密计算分析，相互协调配合，才能达到最优的控制效果。现代电力系统的稳定运行，只有通过电网调度自动化系统，综合运用计算机控制技术、现代通信技术和现代电力系统运行控制理论，才能实现复杂的优化控制任务。

三、电力系统自动化控制的方面与技术

电力系统的自动化控制是利用先进的控制技术和系统，对电力系统进行监测、运行和调度的自动化过程。通过自动化控制系统，可以实时获取电力系统各个组件的状态和运行

信息，并基于这些信息进行分析、决策和控制操作，以确保电力系统的安全、稳定和高效运行。以下是电力系统自动化控制的一些主要方面和技术：

第一，监测和数据采集。自动化控制系统利用传感器和测量设备，实时监测电力系统中的电压、电流、频率、功率等参数，并采集相关数据。这些数据对于了解电力系统的实时状态和运行情况至关重要。

第二，数据通信和传输。监测到的数据通过通信网络传输到控制中心或相关设备，实现对电力系统的全面监控和数据共享。数据通信和传输技术确保了信息的及时性和准确性，为自动化控制提供了必要的数据基础。

第三，SCADA系统。SCADA系统是电力系统自动化控制的核心组成部分，它集成了数据采集、通信、监控和控制功能，可以对电力系统进行实时监测、操作和管理。SCADA系统通过图形界面显示电力系统的实时数据，并提供控制操作界面，使操作员能够监视和控制电力系统的各个方面。

第四，远程控制。自动化控制系统可以通过遥控、遥调和遥信等手段，对电力系统中的设备和装置进行远程控制。例如，可以通过远程操作开关进行线路的开关操作，或者远程调整发电机组的参数。远程控制减少了人工操作的需要，提高了操作的效率和灵活性。

第五，自动调度和优化。自动化控制系统基于电力系统的实时数据和运行状态，进行负荷调度和发电机组优化。通过对电力系统的负荷分配和发电机组的协调调整，可以实现电力系统的经济性和可靠性。自动调度和优化技术能够根据市场需求和发电成本等因素，最大限度地利用可用能源资源。

第六，故障检测和故障恢复。自动化控制系统能够及时检测电力系统中的故障和异常情况，并采取相应措施进行故障恢复。系统可以通过故障检测算法和逻辑，自动切除受影响的设备或切换到备用设备，以减少停电时间和影响范围。故障检测和故障恢复功能提高了电力系统的可靠性和鲁棒性。

第七，能源管理系统。能源管理系统结合自动化控制技术和能源市场信息，对电力系统的负荷、能源供需等进行优化调度。通过对电力系统的动态负荷预测和能源供应情况分析，能源管理系统可以制定最佳的负荷调度策略，以实现能源的高效利用和经济性。

电力系统的自动化控制在提高电力系统运行效率、可靠性和安全性方面发挥着重要作用。它能够减少人为操作错误和人工干预，提高系统响应速度和精确度，同时提供实时数据和决策支持，使电力系统更加智能化和可持续发展。通过自动化控制，电力系统能够更好地适应复杂的运行环境和变化的能源需求，为人们提供稳定、可靠的电力供应。

第三节　电力系统调度的自动化

一、电力系统调度自动化的背景

目前，我国的电力系统已形成了大电网、大机组、高电压输电和大区电网互联的格局，成为世界上少有的名副其实的现代超大规模电力系统。我国目前正在开展 1000 kV 交流和±800 kV 直流的特高压输电工程建设，从而满足我国西电东送和南北互供的市场需要。

随着电网互联区域增大和容量的增加，电网在运行中暴露出许多系统性技术问题，如系统大停电事故、大机组的运行、电网结构、电力系统稳定、电力系统短路电流水平配合、高压电网运行过电压、无功补偿和电压调节等问题。从运行实践来看，这些都不是孤立的技术问题，而是互有关联的系统性技术问题，必须从整个电力系统的角度来观察、研究和解决。因此，除了要加强电网结构，特别是受端电网结构外，还要综合地采用快速励磁、按频率和电压降低自动减负荷、远方切机以及 PSS 等自动装置来解决。发生事故后要分清主次，确保主要地区供电。只有保住了主要地区，才能使整个电网恢复更加容易。同样，短路电流问题，也不仅是某处要采用大容量断路器，或采用某种限流措施的个别问题，而是要考虑各层电网之间短路电流水平的配合，从电网整体上来安排。至于无功补偿、电压调节和运行过电压问题，则更需要从电网的整体来观察和研究。

现代大电网涉及的系统性技术问题，还包括采用标准电厂、标准机组、标准线号、标准变电容量、标准变电站接线方式，以及各种动力资源特别是各种新能源的开发与整合、各级电网结构的配合等。这些都要将电网看作一个整体来观察、研究和安排，需要创立现代电网发展的新理论。

随着现代电网的结构日益复杂，一些关系到电网运行稳定的问题更加引起关注，具体如下：

第一，受经济和环境条件的制约，建成了一大批远离负荷中心的坑口电站及水电站，出现了长距离重负荷的输电网络，大大增加了维持系统正常运行电压的难度；系统元件的故障或检修，在弱联系的电网中往往会发生系统输送功率的大面积转移，造成潮流的极不合理分布，并导致受端系统功率的更大缺额，结果使网架很弱而输送功率又很大的超高压系统不仅容易发生静态角度不稳定，而且容易发生电压不稳定事故。

第二，发电机单机容量越来越大，功率因数越来越高，发电机标幺电抗增大，惯性时间常数减小，无功出力的相对降低，这些都对系统稳定造成不利的影响。

第三，超高压直流输电并网运行的容量，在整个系统中所占的比例越来越大，而交流系统则变得相对较弱，这对直流系统的控制器构成了严峻的考验。与超高压直流输电相连的弱交流系统电压稳定性问题，是一个必须引起格外关注的重要问题。

第四，伴随着分布式发电和微型电网的迅速发展，又带来许多新的问题。21世纪分布式发电在国内外都将有大的发展，但是，与电网相连的分布式发电也会对电网频率、电压等造成各种冲击。因此，不仅需要研究各种分布的发电方式，而且要研究它们接入电力系统的各种相关技术。

综上所述，现代电力系统的互联既有优势又有弊端。现代社会里各种各样的工业生产系统，没有哪一种系统能像现代电力系统这样庞大和复杂的。

现代电力系统的运行控制，与其他各种工业生产系统相比，更为集中统一，也更为复杂。各种发电、变电、输电、配电和用电设备，在同一瞬间，按照同一节奏，遵循着统一的规律，有条不紊地运行着。各个环节环环相接，严密和谐，不能有半点差错。所有这一切，都决定了现代电力系统必须要有一个强有力的，拥有各种现代化手段的，能够保证电力系统安全经济运行的指挥控制中心，即电力系统的调度中心。

二、电力系统调度自动化的重要性

（一）保证电能符合质量标准

随着科学技术和电力体制改革的深化，对电能质量的要求越来越高。电能质量的指标若偏离正常水平过大，会给发电、输变电和用电带来不同程度的危害，同时，对整个电网的稳定性也造成影响。电能质量标准包括频率、电压和波形三项指标。

1. 波形

发电机发出电压的波形是正弦波。由于电力系统中各种电气设备在设计时都已充分考虑了波形问题，在一般情况下，用户得到的电压波形也是正弦波。如果波形不是正弦波，其中就会包含许多种高次谐波成分，这对许多电子设备会有很大的不良影响，对通信线路也会造成干扰，还会降低电动机的效率，导致异常发热并影响正常运行，甚至还可能使电力系统发生危险的高次谐波谐振，使电气设备遭到严重破坏。现代电力系统中加入了许多大功率电力电子设备（如整流、逆变等环节），都会使波形发生畸变，是产生谐波的"污染源"。为此，要加强对波形的自动监测，并采取有效的自动化措施，来消除谐波污染。

2. 频率

频率是电能质量标准中要求最严格的一项，其允许的波动范围在我国是 50 ±0.5Hz，系统有功功率的供求数量时刻都要平衡。负荷是随时变动的，所以发电厂的有功输出要实时跟踪负荷的有功功率，随其变动而变动。现在电力系统调频过程是自动进行的，替代了值班员看到频率表指示下降，手按增负荷按钮来增加发电机有功出力。但是，如果负荷突然发生大幅度的变化，超出自动调频的可调范围，频率还会有较大变化。例如，负荷突然增加许多，系统全部旋转备用的容量都已用上还不能满足要求时，频率仍会继续下降，这样就只能切除部分不重要的负荷。因此，调度中心要预先进行负荷预测，安排好第二天的开机计划和系统运行方式，避免上述情况的发生。负荷预测的准确性，日发电计划安排的合理性，对系统频率的稳定性有决定性的影响。总之，要保持电力系统频率合格，必须有严密的运行机制和自动化的闭环频率调节控制系统。

3. 电压

电压允许变动的范围一般是额定电压的±5%左右，使电压稳定的关键在于系统中无功功率的供需平衡，最优的控制是在系统的各个局部就地平衡，以减少大量无功功率在线路上传输。具体的调压措施有发电机的励磁调节、调相机和静止补偿器的调节、有载调压变压器的分接头调节和并联补偿电容器组的投切等。目前，这些调压措施大部分是自动进行的，但也有的是按调度人员的命令由各现场值班运行人员操作调节的。现代电力系统必须有自动化的无功/电压调控系统，才能满足各行各业对电压稳定的要求。

（二）保证电力系统运行的经济性

电力系统运行控制的目标，除了首要关注的安全问题和电能质量问题外，还要尽可能地降低发电成本，减少网络传输损失，全面地提高整个电力系统运行的经济性。对于已经投入运行的电力系统，其运行经济性完全取决于系统的调度方案。在保证电力系统安全水平的前提下，合理地安排备用容量的组合和分布，综合考虑各发电机组的性能和效率，火电厂的燃料种类或水电厂的蓄水水位情况，以及各发电厂距离负荷中心的远近等多方面因素，计算并选择出一个经济性能最优的调度方案。根据该最优方案进行调度运行控制，将会使全系统的燃料消耗（或者发电成本）最低。但该最优方案不是永久的，因为它是根据某一时刻的负荷分布计算出来的，而负荷又随时处在变化之中，所以每隔几分钟就需要重新计算新的最优方案，这样才能使系统始终处于最优状态。某时刻负荷分布的计算实时性强，涉及的因素多，计算量很大，人工计算是无法胜任的，必须依靠功能强大的计算机系统。

（三）保证符合环境保护要求

能源和环境是人类赖以生存和发展的最基本条件。电力是现代社会不可或缺的最重要能源，同时，电力的生产又对环境产生很大的影响。目前，全球性的四大公害大气烟尘、酸雨、气候变暖（温室效应）、臭氧层破坏，都与能源生产利用方式直接相关，当然也与电力生产过程密切相关。因此，符合环境保护的要求，也应是电力系统运行控制的目标之一。在引起温室效应的主要因素二氧化碳（CO_2）的排放量中，燃煤排放的占75%左右。此外，燃煤排放物中还有微量的多环芳香烃、二噁英等致癌物质。

要想解决火电厂燃煤所带来的环境问题，必须采用先进的洁净煤技术、粉尘净化控制技术、烟气脱硫技术和生物能源技术等一系列高新技术。从运行调度的角度来讲，向发电任务的大机组倾斜，有助于减少污染，改善环境。同时，"节能即环保"，一切旨在降低网损，节约电能的优化运行方式，也都能减少污染，有利于改善环境。在环保方面，电力系统调度也同样肩负着重要的责任。采用先进的调度自动化系统，开发加入环境指标的优化运行高级应用程序，一定可以为保护人类环境做出贡献。

三、电力系统的调度机制

目前，电力系统的调度控制方式通常有两种：集中调度控制和分层调度控制。集中调度控制就是把电力系统内所有发电厂和变电站的信息都集中在一个调度控制中心，由一个调度控制中心对整个电力系统进行调度控制。分层调度控制就是把全电力系统的监视控制任务分配给属于不同层次的调度中心，下一层调度完成本层次的调度控制任务外，还接受上一级调度组织的调度命令并向上层调度传递所需信息。分层调度与集中调度相比，它的优点是便于协调控制，提高系统可靠性，改善系统响应。

由于现代电力系统是一个广域的超大规模互联电力系统，所以我国电力系统的调度机构是分层设置的。

（一）国家调度中心的职责及功能

1. 国家调度中心的职责

（1）负责跨大区电网间联络线的调度管理。

（2）掌握、监督和分析全国各电网运行状况。

（3）审查、协调各电网的月度发、用电计划，并检查、监督其执行情况。

（4）监督各电网的计划用电和水电厂水库水位计划和执行情况。

（5）配合有关部门制订年度发用电计划及煤耗、厂用电、线损等技术经济指标。

（6）参加全国电网发展规划、系统设计和工程设计的审查。

2. 国家调度中心的功能

（1）通过计算机数据通信收集各大区电网和独立省网的重要信息，监视全国电网的运行工况。

（2）进行大区互联系统的运行方式及经济调度计算，下达有关信息。

（3）统计、分析全国电网运行情况。

（4）负责或组织省级以上调度员和负责人岗位培训。

（二）大区电网调度中心（网调）

1. 大区电网调度中心（网调）的职责

（1）负责所辖电网的安全稳定运行。

（2）制定大区主电网运行方式或核准省网与大区主网相关部分的运行方式。

（3）编制全网月发电计划或省网间联络线送电月计划和直调发电厂的月发电计划，编制下达日调度计划。

（4）核准省网计划外送电，做好全网经济调度工作。

（5）指挥管辖设备的运行操作和系统性事故处理。

（6）领导全网的频率调整和主电网的电压调整，并负责考核。

（7）监督省网间联络线的送受电力、电量计划或省网发用电计划执行情况，并指挥省网调整。

（8）参加制订年度发用电计划和各项有关技术经济指标，批准管辖范围内主要发供电设备的检修。

（9）负责全网计划用电和负荷管理工作。

（10）按要求向国调和省调或地调传送实时信息。

2. 大区电网调度中心功能

（1）实现电网的数据收集、监控、经济调度以及有实用效益的安全分析。

（2）实现自动发电控制功能。

（3）进行运行方式以及经济调度计算，并上报、下传。

（三）省级电网调度中心（省调）

1. 省级电网调度中心（省调）的职责

（1）在保证全网安全经济的前提下，负责本网的安全运行。

（2）参加全网运行方式计算分析，负责编制本网的运行方式，与网调管辖有关部分应报网调核准。

（3）编制本网发、供电设备检修计划。

（4）根据上级调度下达的联络线出力、电量计划和直调厂发电计划或本网的发电调度计划，编制本网和调度管辖的独立核算发电厂的发电计划。

（5）负责管辖设备的运行、操作、事故处理，以及无功、电压调整。

（6）监督本网计划用电执行情况。

（7）按规定向网调、地调传送实时信息。

2. 省级电网调度中心（省调）的功能

省级电网调度中心（省调）的功能分为两种情况：

（1）省级调度中心（受大区电网调度中心统一调度）功能：①实现电网的数据收集、监控、经济调度以及有实用效益的安全分析；②进行运行方式及经济调度计算，并上报、下传；③监视、统计有关联络线的电力、电量；④省级调度应实现与网调、地调间的计算机数据通信。

（2）省级调度中心（独立网）功能：①实现电网的数据收集、监控、经济调度以及有实用效益的安全分析；②实现自动控制发电功能；③进行运行方式及经济调度计算，并上报、下传；④监视、统计有关联络线的电力、电量；⑤独立省调应与国家调度、地调实现计算机数据通信。

（四）地区电网调度中心（地调）

1. 地区电网调度中心（地调）的职责

（1）管辖范围的运行操作和事故处理。

（2）管辖范围的设备检修许可。

（3）监督本地区和用户的计划用电执行情况。

（4）管辖范围的电压和无功功率调整。

（5）按规定向省调、县调传送实时信息。

2. 地区电网调度中心（地调）的功能

（1）实现数据采集和安全监视职责。

（2）负责断路器的遥控操作，变压器分接头的调整，电力电容器的投切等。

（3）负责用电负荷管理。

（4）实现与省调、县调间的数据通信。

（五）县级电网调度中心（县调）

1. 县级电网调度中心（县调）的职责

（1）管辖范围的运行操作和运行管理。

（2）管辖范围的设备检修许可。

（3）监督本地区和用户的计划用电执行情况。

（4）按规定向地调传送实时信息。

2. 县级电网调度中心（县调）的功能

（1）实现数据采集和安全监视职责。

（2）断路器的遥控操作及电力电容器的投切。

（3）实现负荷控制职责。

（4）向地调传送必要的实时信息。

四、电力系统调度自动化的作用及任务

（一）电力系统调度自动化的作用

为了使调度人员统观全局，运筹全网，有效地指挥电网安全、稳定和经济运行，实现电网调度自动化已成为调度现代电网的重要手段，其作用主要有以下三个方面：

第一，对电网安全运行状态实现监控。电网正常运行时，通过调度人员监视和控制电网的周波、电压、潮流、负荷与出力；主设备的位置状况及水、热能等方面的工况指标，使之符合规定，保证电能质量和用户计划用电、用水和用气的要求。

第二，对电网运行实现经济调度。在对电网实现安全监控的基础上，通过调度自动化的手段实现电网的经济调度，以达到降低损耗、节省能源、多发电、多供电的目的。

第三，对电网运行实现安全分析和事故处理。导致电网发生故障或异常运行的因素非常复杂，且过程十分迅速，如果不能及时预测、判断或处理不当，不但要危及人身和设备安全，而且会使电网瓦解崩溃，造成大面积停电，给国民经济带来重大损失。因此，必须增强调度自动化手段，实现电网运行的安全分析，提供事故处理对策和相应的监控手段，防止事故发生以便及时处理事故，避免或减少事故造成的重大损失。

（二）电力系统调度自动化的任务

电力系统电网调度自动化的主要任务是控制电力系统的运行方式，保证电网在正常和事故情况下，安全经济高质量的供电。具体任务如下：

第一，预测用电负荷。根据负荷变化的历史记录、天气预报、负荷用电生产情况以及居民的生活规律，对未来 24 小时或 48 小时进行全系统负荷预测，编制预计负荷曲线，配备好相适应的发电容量。

第二，制订发电任务、运行方式和运行计划。①根据预测的负荷曲线，按经济调度原则，对水能和燃料进行合理规划和安排，分配各发电厂发电任务（包括水电站、火电厂的负荷分配），提出各发电厂的日发电计划；②安排发电机组的起停和备用，批准系统内发、输、变电设备的检修计划；③对系统继电保护及安全自动装置进行统一整定和考核，进行系统潮流和稳定计算等工作，合理安排运行方式。

第三，进行安全监控和安全分析。①收集全系统主要运行信息，监视运行情况，保证正常的安全经济运行；②通过安全分析（采用状态估计和实时潮流计算等应用技术）进行事故预想和提出反事故措施，防患于未然。

第四，指挥操作和处理事故。①对所辖厂、站和网络的重要运行操作进行指挥和监督；②在发生系统性事故时，采取有力措施及时处理，迅速恢复系统至正常运行状态。

五、电网调度自动化系统的结构及功能

（一）电网调度自动化系统的结构

电网调度自动化系统是以远动系统为基础，以计算机为核心而组成的大系统。根据其完成功能的不同，分为四个子系统：信息采集和控制执行子系统、信息传输子系统、信息处理子系统和人机联系子系统。

1. 信息采集和控制执行子系统

信息采集和控制执行子系统主要包括前置机、远动终端、调制解调器、变送器，该子系统是调度自动化的基础，相当于自动化系统的感知部件，通常在厂站端由远方终端 RTU 或综合自动化系统来实现。

（1）采集调度管辖的发电厂、变电站中各种表征电力系统运行状态的实时信息，并根据需要向调度控制中心转发各种监视、分析和控制所需信息。采集的量包括遥测、遥信量，电度量，水库水位，气象信息，以及保护的动作信号，等等。

（2）接受上级调度中心根据需要发出的操作、控制和调节子命令，直接操作或转发给本地执行单元或执行机构。执行量包括开关投切操作，变压器分接头位置切换操作，发电机功率调整、电压调整，电容电抗器投切，发电调相切换，甚至继电保护的整定值的修改等命令。

2. 信息传输子系统

信息传输子系统的功能是将信息采集子系统采集的信息及时、无误地送给调度控制中心。信息传输子系统按信道的制式不同，分为模拟传输系统和数字传输系统两类。主站与厂站的通信方式有有线、载波、光纤、短波、微波及卫星地面站。主站与主站的通信方式有有线、光纤、微波及卫星地面站。目前，光纤通信方式是主要的通信方式，数字传输系统所占的比重较大，信号传输质量也不断提高。

3. 信息处理子系统

信息处理子系统是电网调度自动化系统的核心，主要包括主控计算机、外存储器、输入输出设备、计算机信道接口等设备。具体功能如下：

（1）实时信息的处理。包括形成能正确表征电网当前运行情况的实时数据库，确定电网的运行状态，对超越运行允许限值的实时信息给出报警信息，提醒调度员注意。

（2）离线分析。可以编制运行计划和检修计划，进行各种统计数据的整理分析。

（3）现代信息处理系统具有能对运行中的电力系统进行安全、经济和电能质量几方面的分析决策功能，而且是高度自动化的。

（4）保证系统安全。包括对当前系统的安全监视、安全分析和安全校正。安全分析是调度员经常要做的工作，当发现系统运行状态异常，要及时处理。安全分析主要是预想事故的分析，在预想事故下系统是否仍处在安全运行状态，如果出现不安全运行状态，由安全校正功能进行计算并给出校正控制对策。

（5）保证经济性。主要由计算机做出决策，调整系统中的可调变量，使系统运行在最经济的状态。

（6）提高电能质量。由 AGC（自动发电控制）维持系统频率在额定值，以及联络线功率在预定的范围之内；AVC（自动无功电压控制）保证电网电压水平在允许的范围内，同时，使电网网损尽可能小。

4. 人机联系子系统

通过人机联系子系统使调度人员与电力系统及其控制和调度自动化系统构成一个整体，使运行人员在充分利用现代化监控手段的基础上，充分发挥其对电力系统的调度和控制作用。人机联系子系统主要包括彩色屏幕显示器、打印机、记录仪表、绘图机、调度模拟屏、调度台等设备。从变电站收集到的信息，经过计算机加工处理后，通过各种显示装置反馈给运行操作人员，运行操作人员收到这些信息做出决策，并以十分方便的方式下达决策命令，实现对电网系统的实时控制。

通过人机联系子系统可以实现的功能有：①将计算机分析结果以最为方便的形式呈现给调度员；②调度员可以随时了解他所关心的信息，随时掌握系统运行情况，通过各种信息做出判断并以十分方便的方式下达决策命令，实现对系统的实时控制。

（二）电网调度自动化系统的功能

电网调度自动化系统的基本功能主要涵盖以下三个方面：

1. 数据采集与安全监控（SCADA）

（1）通过远动系统实现数据采集。

（2）通过计算机系统实现数据处理与存储。

（3）通过人机联系系统中的屏幕显示（CRT）与动态调度模拟屏，对电网的运行工况实现在线监视，并具有打印制表、越限报警、模拟量记录、事件顺序记录、事故追忆、画面拷贝、系统自检及远动通道质量监测功能。

（4）在实现监视的基础上，通过计算机、远动与人机联系系统，对断路器、发电机组与调相机组、带负荷调压变压器、补偿设施等实现遥控与遥调，以及发送时钟等指令。

2. 自动发电控制（AGC）和经济调度控制（EDC）

AGC 和 EDC 是对电网安全经济运行实现闭环控制的重要功能。在对电网频率调整的同时，实现经济调度控制，直接控制到各调频电厂，并计入线损修正，实现对互联电网联络线净功率频率偏移控制。对于非调频厂，则按日负荷曲线运行；对于有条件的电厂还应实现自动电压和无功功率控制（AVC）。

3. 安全分析与控制（SA）

安全分析就是对多种给定运行方式（状态）进行预想事故分析，对会引起线路过负荷、电压越限和发电机功率越限等对电网安全运行构成威胁的故障进行警示，从而对整个电网的安全水平进行评估，找出系统的薄弱环节。安全分析可以分为静态安全分析和动态安全分析两类。

（1）静态安全分析。一个正常运行的电网常常存在着许多潜在危险因素，静态安全分析的方法就是对电网的一组可能发生的事故进行假想在线计算机分析，校核这些事故后电力系统稳态运行方式的安全性，从而判断当前的运行状态是否有足够的安全储备。当发现当前的运行方式安全储备不够时，及时修改运行方式，使系统在有足够安全储备的方式下运行。

（2）动态安全分析。动态安全分析就是校核电力系统是否会因为一个突然发生的事故而导致失去稳定，校核因假想事故后电力系统能否保持稳定运行的稳定计算。由于精确计算量大，难以满足实施预防性控制的实时性要求，因此，人们一直在探索一种快速而可靠的稳定判别方法。

为了保证系统安全运行，必须事先预判，对运行中的系统结构和运行方式进行定期的运行预想分析，并结合安全稳定的规定和运行经验及具体环境条件，进行各种事故预想，并定出一系列的事故处理方法。在运行方式的安排上，应考虑足够的旋转备用和冷备用，并且要合理分布于系统之中。除了继电保护的配置和整定外，对用于事故后防止大面积停电的各种安全自动装置，也应详细考虑它们之间的配置和协调。

六、电力系统运行状态及其调度控制

（一）正常状态

电力系统是一个整体，由发电机、变压器和用电设备组成，具有发电、输电、用电同时完成的特点。因为用户用电的负荷是随时随机变化的，因此，为了保证供电的稳定和供电质量，发电机发出的有功和无功也必须随着用电负荷随时随机的变化而变化，而且变化量应该相等。同时，为了满足电力系统发出的无功和有功、线路上的功率都在安全运行的范围之内，保证电力系统的安全运行状态，电力系统的所有电气设备必须处于正常的状态，并且要能够满足各种情况的需要，保证电力系统的所有发电机都能够在同一个频率同时运行。

为了保证电力系统在受到正常的干扰之下不会产生设备的过载，或者电压的偏差不超出正常的范围，电力系统必须有一个有效的调节手段，通过旋转备用和紧急备用使电力系统从某种正常状态过渡到另一种正常的状态。在正常状态运行下的电力系统是安全可靠的，可以实施经济运行的调度。

（二）警戒状态

警戒状态（正常不安全状态）满足等式和不等式约束条件，但不等式约束已经接近上下限，以安全调度为主。当电力系统出现警戒状态时，一般出现的情况有：负荷增加过多、发电机组因为突然出现的故障导致不能正常运行或者出现停机的现象，或者因为电力系统当中的变压器、发电机等运行环境发生变化，造成了设备容量的减少，从而导致正常干扰的程度超出了电力系统的安全水平之外。因此，警戒状态下的电力系统是不安全的，出现这种状态时需要采取调整发电机的负荷配置等预防性的控制手段，排除经济利益的考量，使电力系统恢复到正常的状态之上。

（三）紧急状态

电力系统的紧急状态可由警戒状态或者正常状态突然演变过来。造成电力系统紧急状态的一些重大故障有以下几项内容：

（1）突然跳开大容量发电机，从而引起电力系统有功功率和无功功率的严重不平衡。

（2）发电机不能保持同步运行，或者在电力系统出现紧急的状态时没有进行及时的解决和处理。

（3）电力系统在出现紧急状态时，如果没有采取及时的控制措施，将会导致电力系统失稳。电力系统的不稳定就是各发电机组不在同一个频率同时运行，电力系统不稳定将会对电力系统的安全性造成严重的威胁，有可能导致电力系统的崩溃，造成大面积的停电。

（4）变压器或者发电机、线路等产生了短路的现象，短路有瞬时短路和永久性短路两种。对电力系统造成最严重后果的就是三相短路，特别是三相永久性的短路。在遭到雷击的时候，有可能在电力系统中发生短路，造成多重的故障。

在紧急状态运行下的电力系统是危险的，在这种状态下，应及时通过继电保护装置快速切除故障，通过采取提高电力系统安全性和稳定性的措施，尽快使系统恢复到正常的状态，至少应该恢复到警戒的状态，避免发生更大的事故，以及发生连锁事故反应。

（四）崩溃状态

电力系统进入紧急状态之后，如果不能及时地消除故障或者采取有效的控制措施，在紧急状态下为了不使电力系统进一步扩大，调度人员要进行调度控制，将一个并联的系统裂解成好几个部分，此时，电力系统就进入了崩溃的状态。

在通常情况之下，裂解的几个子系统因为功率不足，必须大量卸载负荷，使电力系统进入崩溃状态是为了保证某些子系统能够正常工作、正常发电，避免整个系统处于瓦解的边缘。电力系统的瓦解是不可控制的裂解造成的大的停电事故。

（五）恢复状态

通过继电保护、调度人员的有效调度，阻止了事故的进一步扩大，在崩溃状态稳定下来之后，电力系统就可以进入恢复状态。这时调度人员可于并列之前裂解机组，逐渐恢复用户的供电，之后，根据事态的发展，逐渐使电力系统恢复到正常的状态。

第四节　电力系统经济运行的电网经济调度

一、电力系统电网经济调度的意义

现阶段，我国电力系统在电力能源需求不断攀升的背景下，发展势头良好并持续优化升级。作为向全社会各领域提供所需电力能源的重要基础系统，电力系统为进一步确保供电体系运行的长久稳定发挥最优的供电效果，同时实现供电成本的有效控制，需要从经济运行的角度出发，在经济性原则的指导下重新定位管理指标和管理重点，开展电网经济调度的规划和运行。

电力系统电网经济调度应用的基本需求是预见性地安排可协作运行的事务，并在这一过程中降低电力系统不必要的资源消耗，推动电力事业的可持续健康发展，为其长远收益夯实基础。在不同发展环境和不同发展阶段，需要立足于实际情况，针对各类资源进行合理整合和优化，加大风、热、光等清洁能源的使用比重，同时，不断改进创新应用技术，以提升其合理配置的程度。

二、电力系统经济运行的电网经济调度策略

（一）采取经济调度措施

为有效开展电力系统经济运行的电网经济调度，充分满足电网调度的实际需求，需要立足于电网运行过程中实际输电供电情况，分析电力用户的用电特点和用电规律，进一步科学地规划调度方案。不同的电力用户，其用电需求和用电特点具有一定的差异性，例如个人住宅和工作单位的用电规律有所不同，根据不同电力用户的差异化用电需求，针对性地提供个性化、精确化的电力服务，是电力调度需要完成的重要任务之一。

若电力用户具有长期稳定的供电需求，则可为其提供商业电，并在经济性原则的指导下，采取合理的电力调度管理措施，这样的供电方式具有一定的稳定性和针对性，能够有效避免停电问题的发生。针对长期稳定的电力客户，电力系统可以选择专线供电和专项服务的管理方式，若其供电、用电出现问题，可采取更高一级的优先处理原则。针对传统的电力客户，可针对性地调整电力调度管理措施，保证在经济运行的基础上，完成各类用户的合理稳定供电。灵活的标准设立和调整，可以提升电力系统电网经济调度的工作效率。

（二）采取运转备用调度

电力系统在进入电力供应的高峰期时，为了充分满足各类用电供电需求，须有效开展日常维护和监测工作，确保电网的正常运行。同时对电力系统电网内部的实际运行状态，采取合理有效的控制手段，进一步降低各类因素带来的电力能源损耗。在这一过程中，电网的各分线保持稳定运行状态，应用科学的运转备用电网调度模式，可加快电力系统经济运行的电网经济调度建设进程。

一方面，可以采取提升电网运行电压的方式来实现电网能源损耗的降低。正常情况下电力系统电网功率损耗与运行电压呈反比关系，因此，在合理范围内提升运转电压，可以促进电网经济调度。需要注意的是，当电网系统负荷较小且电网处于低谷运行期间，不适宜采取这一方式。

另一方面，可以创新电力的无功管理，来加强电网的电压控制。可以设置并强化电力

用户的无功补偿装置，通过提升用户的无功负载，实现电网各级线路及其变压器无功功率和电流的降低，从而在极大程度上减少电网损耗，符合经济调度的根本原则。另外，可创新应用无功电压控制技术，根据电网分布的不同地区和运行季节，调整其无功电压控制，平衡电网各环节的无功补偿。

（三）根据电网负荷采取稳定约束调度

随着用电需求量的大幅度增加，电力系统中应用的各类电力设备和用户使用的用电设备持续增加，电力系统电网的供电负荷不断增加，因此，在实际供电过程中，需要进一步确保电网系统及调度的安全性。

首先，采用现代化设备和先进运算技术，对电网系统的电网负荷进行精准精算和有效控制，以此来保证进行电网调度时整个系统的安全稳定性。

其次，应用现代化监控设备对电网运行状态进行 24 小时严格监控，实现电网负荷监管的全面性和实时性。当电网运行出现较大波动或负荷异常时，监控系统会自动发出电力警报并及时反馈给控制终端，从而实现电网负荷经济化、安全化的调度控制，在强有力保证电网供电安全的基础上，进一步降低电力能源损耗，从而实现电力系统供电成本的合理控制。

（四）控制电网污染，实现环保调度

近年来电力污染逐渐成为电力行业和供电企业重视的问题，在电力系统及电网完成电力输送的过程中，会受到自身运行模式的影响和外部环境因素的干扰，产生较多电力能源损耗。为有效提升电网的环保能力，增加电力系统的社会化收益，要严格控制电力供应的全流程各环节，实现不必要污染和能源消耗的减少。同时，要充分考虑电网系统的污染类型和严重程度，科学制订处理解决方案，以突出经济运行的电网调度模式具有的环保优越性。实现电力能源消耗的有效控制，同样是完成经济调度的根本需要。

经济运行指导下的电力调度工作贯穿于电力系统运行的始终，随着社会用电需要的持续增加，实现电力经济调度工作已成为电力系统优化升级的必然趋势。因此，电力系统需要对经济运行的电力调度予以充分重视，以降低不必要的电力能源损耗为原则，提升电力运行的经济效益和社会效益，加快推动电力系统经济调度建设的进程。

第四章 电力信息化的多元化管理

随着信息技术的不断进步和应用，电力行业正在迎来一场深刻的变革，而这一变革的核心便是电力信息化的多元化管理。作为现代社会不可或缺的基础设施，电力供应的稳定性和高效性对于国家经济的运转和人民生活的质量至关重要。为了更好地适应快速变化的市场需求，提高电力系统的运行效率，并实现可持续发展，电力行业应积极探索和应用信息化技术。

第一节 发电企业的信息化

一、发电企业信息化概述

（一）企业信息化的概念

信息化是以信息资源开发利用为核心，以信息技术（计算机、网络、通信、信息处理）等高科技技术为依托的一种新技术扩散过程。信息化可分为政府信息化、企业信息化、教育信息化、商务信息化、生活信息化等。

企业信息化也是一个很宽泛的概念，不同的领域有着不同的理解。简单地说，企业信息化就是利用信息技术改造企业业务活动使之更加有效的过程。一般而言，企业信息化就是企业利用现代信息技术，通过信息资源的深入开发和广泛利用，不断提高生产、经营、管理、决策的效率和水平，进而提高企业经济效益和竞争力的过程。企业信息化通常体现在三大领域：企业生产过程的自动化、智能化（如 CAD、CAE、CAM 等），企业管理决策的网络化、智能化（如 ERP、MIS、CIMS 等），企业商务活动的电子化（如交易无纸化、直接化、电子化等）。

（二）发电企业信息化的含义

一般来说，发电企业信息化是指在发电企业管理的各个环节，充分利用现代信息技术、信息资源和环境，建立信息网络系统，使发电企业内部信息流、资金流、物流、工作流集成和整合，实现资源的优化配置，不断提高企业管理的效率和水平，进而提高企业经济效益和竞争能力的过程。

发电企业信息化的基本路径是综合利用计算机技术、网络技术、软件技术等现代信息技术，融入先进的管理思想和技术策略，建立贯通发电企业生产经营管理各环节的信息网络，对各环节产生的数据进行采集、分析、处理、控制和反馈，并通过信息网络实现信息资源共享，实现发电企业生产经营管理的智能化和自动化，达到提高企业现代化管理水平，提高企业经济效益，提高企业市场竞争能力的目标。

发电企业信息化就是管控一体化的信息化，即发电企业管理信息化与生产过程控制自动化的有机结合。以往的管理信息系统和生产过程监测与控制系统往往是两个分立的系统，两个系统间只能通过数据接口进行有限的数据交换。管控一体化的目标就是将发电企业的管理活动和发电生产过程紧密地联系在一起。

二、发电企业分散控制系统

（一）DCS 的定义

分布式控制系统（DCS）在国内自控行业又称为集散控制系统（TDCS）或集中分散控制系统，简称分散控制系统。"分散"的意思是控制功能分散、控制危险分散，"集中"的意思是管理和显示集中。

从产品的角度来看，分散控制系统是集 4C 技术，即计算机技术、控制技术、通信技术和 CRT 显示技术于一体的高新技术产品，具有控制功能强、操作简便和可靠性高等特点，可以方便地用于工业装置的生产控制和经营管理，是实现过程控制、过程管理的现代化设备。

从工作原理方面来看，分散控制系统是以微处理器及微型计算机为基础，融计算机技术、数据通信技术、CRT 屏幕显示技术和自动控制技术为一体的计算机控制系统，它对生产过程进行集中操作管理和分散控制。即通过分布于生产过程各部分的以微处理器为核心的过程控制站，分别对各部分工艺流程进行控制，又通过将数据通信系统与中央控制室的各监控操作站联网，操作员通过监控站 CRT 终端，可以对全部生产过程的工况进行监视和操作，网络中的专业计算机用于数学模型或先进控制策略的运算，适时地给各过程站发出控制信息、调整运行工况。

从系统的构成方面来看，分散控制系统是分级系统，通常分为过程级、监控级和管理级。分散控制系统由具有自治管理级功能的多种工作站组成，如数据采集站、过程监控级

GRT 操作站控制站、工程师（操作员）操作站、运行员操作站等。这些工作站独立或配合完成数据采集与处理、控制、计算等功能，便于实现功能、控制器制数据采集控制器地理位置和负载上的分散。且当个别工作站故障时，仅使系统功能略有下降，不会影响整个现场控制系统的运行，因此是危险分散。各种类型分散控制系统的构成基本相同，都由通信网络和工作站（节点）两大部分组成。

（二）DCS 功能子系统

1. 数据采集系统

数据采集系统（DAS）是指采用数字计算机控制系统对工艺系统和设备的运行参数、状态进行检测，对检测结果进行处理、记录、显示和报警，对机组的运行情况进行运算分析，并提供给运行指导的监视系统。

2. 协调控制系统

协调控制系统（CCS）是指将锅炉—汽轮发电机组作为一个整体进行控制，通过控制回路协调锅炉汽轮机在自动状态下运行，给锅炉、汽轮机的自动控制系统发出指令，以适应负荷变化的需要，尽最大可能发挥机组的调频、调峰能力。它直接作用的执行级是锅炉燃料控制系统和汽轮机控制系统。

3. 模拟量控制系统

模拟量控制系统（MCS）是指通过控制变量自动完成被控制变量调节的回路。

4. 顺序控制系统

顺序控制系统（SCS）是指对火电机组的辅机及辅助系统，按照运行规律规定的顺序（输入信号条件顺序、动作顺序或时间顺序）实现启动或停止过程的自动控制系统。

5. 炉膛安全监控系统

炉膛安全监控系统（FSSS）是指对锅炉点火和油枪进行程序自动控制，防止锅炉炉膛由于燃烧熄火、过压等原因引起爆炸（内爆或外爆）而采取的监视和控制措施的自动系统。炉膛安全监控系统包括燃烧器控制系统 BCS 和炉膛安全系统 FSS。

6. 电气设备监控系统

电气设备监控系统（ECS）主要用于监控发电厂电气设备的安全运行，包括发电机系统、主变压器系统、低压工作变压器系统、照明系统、除尘系统、检修中心等各电气子系统的各项参数指标，完成发电厂运行状态的集中监视和控制，包括采集传感器的数据和数据入库等工作。

（三）DCS 的结构现场控制

1. 网络通信子系统

对应着分散控制系统的纵向分层结构，网络通信子系统分别由四层计算机网络即现场网络（Fnet）、控制网络（Cnet）、监控网络（Snet）和管理网络（Mnet）把相应的设备连接在一起。

现场网络 Fnet 由类现场总线和远程 I/O 总线构成，位于被控生产过程附近，用于连接远程 I/O 或现场总线仪表。控制网络 Cnet 由位于控制柜内部的柜内低速总线（Cnet—L）和位于控制柜与人机接口间的高速总线（Cnet-H）构成，用于传递实时过程数据。监控网络 Snet 位于监控层，用于连接监控层工程师站、操作员站、历史记录站等人机接口站，传递以历史数据为主的过程监控数据。管理网络 Mnet 位于管理层，用于连接各类管理计算机。

2. 过程控制子系统

（1）现场设备。现场设备一般位于被控生产过程的附近。典型的现场设备是各类传感器、变送器和执行器，它们将生产过程中的各种物理量转换为电信号，送往过程控制站，或者将控制站输出的控制量转换成机械位移，带动调节机构，实现对生产过程的控制。

目前，现场设备的信息传递有三种方式：①传统的 4~20 mA（或者其他类型的模拟量信号）模拟量传输方式；②现场总线的全数字量传输方式；③在 4~20 mA 模拟量信号上，叠加上调制后的数字量信号的混合传输方式。现场信息以现场总线（Fnet）为基础的全数字传输是今后的发展方向。

按照传统观点，现场设备一般不属于分散控制系统的范畴。但将现场设备并入分散控制系统体系结构的原因是，随着现场总线技术的飞速发展，网络技术已经延伸到现场，微处理机已经进入变送器和执行器，现场信息已经成为整个系统信息中不可缺少的一部分。

（2）过程控制站。过程控制站接收由现场设备，如传感器、变送器传来的信号，按照一定的控制策略计算出所需的控制量，并送回到现场的执行器中去。过程控制站可以同时完成模拟量连续控制、开关量顺序控制功能，也可能仅完成其中的一个控制功能。

如果过程控制站仅接收由现场送来的信号，而不直接完成控制功能，则称其为数据采集站。数据采集站接收由现场设备送来的信号，对其进行一些必要的转换和处理之后送到分散控制系统中的其他部分，主要是监控级设备中去，通过监控级设备传递给运行人员。

一般在电厂中，过程控制站集中安装在位于主控室后的电子设备间中。许多新建电厂为降低工程造价，将过程控制站有限分散布置（即将过程控制站分别布置在靠近锅炉房和汽机房的电子设备间中），同时，大量采用远程I/O并逐步采用现场总线仪表。

3. 人机接口子系统

（1）监控级。监控级的主要设备有操作员站、工程师站、历史记录站和计算站。其中，操作员站安装在中央控制室，工程师站、历史记录站和计算站一般安装在电子设备间。

操作员站是运行人员与分散控制系统相互交换信息的人机接口设备。运行人员通过操作员站来监视和控制整个生产过程。运行人员可以在操作员站上观察生产过程的运行情况，读出每一个过程变量的数值和状态，判断每个控制回路是否工作正常，并且可以随时进行手动/自动控制方式的切换，修改给定值，调整控制量，操作现场设备以实现对生产过程的干预。另外，还可以打印各种报表，拷贝屏幕上的画面和曲线等。为了实现以上功能，操作员站由一台具有较强图形处理功能的微型机，以及相应的外部设备组成，一般配有CRT显示器、大屏幕显示装置（选件）、打印机、拷贝机、键盘、鼠标或球标。

工程师站是为了便于控制工程师对分散控制系统进行配置、组态、调试、维护等工作所设置的工作站。工程师站的另一个作用是对各种设计文件进行归类和管理，形成各种设计文件，如各种图纸、表格等。工程师站一般由高性能工作站配置一定数量的外部设备所组成，如打印机、绘图机等。

历史记录站、计算站的主要任务是实现对生产过程的重要参数进行连续记录、监督和控制，如机组运行优化和性能计算、先进控制策略的实现等。由于计算站的主要功能是完成复杂的数据处理和运算功能，因此，对它的要求主要是运算能力和运算速度。机组运行优化也可以由一套独立的控制计算机和优化软件构成，只要在机组控制网络上设一接口，就利用优化软件的计算结果去改变控制系统的给定值或偏值。

（2）管理级。管理级包含的内容比较广泛，一般来说，它可能是一个发电厂的厂级管理计算机，也可能是若干个机组的管理计算机。它所面向的使用者是厂长、经理、总工程师、值长等行政管理或运行管理人员。厂级管理系统的主要任务是监测企业各部分的运行情况，利用历史数据和实时数据预测可能发生的各种情况，从企业全局利益出发辅助企业管理人员进行决策，帮助企业实现其规划目标。

管理级属于厂级的，也可分成实时监控（SIS）和日常管理（MIS）两部分。实时监控是全厂各机组和公用辅助工艺系统的运行管理层，承担全厂性能监视、运行优化、全厂负荷分配和日常运行管理等任务，主要为值长服务。日常管理承担全厂的管理决策、计划管理、行政管理等任务，主要是为厂长和各管理部门服务。

三、发电企业厂级监控信息系统

（一）SIS 的概念

厂级监控信息系统以分散控制系统为基础，实现企业级生产数据的自动采集、存储、监视和查询，集中各单元机组的参数及设备状态信息；完成复杂的数据二次处理和优化分析；实现企业级生产过程的实时信息监控、调度，达到提高机组运行可靠性和经济性的目的。概括地说，SIS 是发电厂实时生产过程综合优化服务的生产过程实时管理和监控信息系统，是实现企业级生产过程管控一体化的应用软件，旨在为管理决策层提供真实可靠的实时运行数据、历史状况分析数据和趋势预测数据等，为市场运作下的发电厂提供科学、准确的经济性指标，最终提高发电厂的整体效益。

目前，有关文献对 SIS 比较准确的定义是：火电厂厂级监控信息系统是主要为火电厂全厂实时生产过程综合优化服务的生产过程实时管理和监控的信息系统。它是面向全厂电力生产的生产信息系统，采集和处理全厂生产的实时数据，为实现厂级监控现代化服务，属于厂级生产过程自动化范围。它不仅具有现场生产数据的处理管理功能，更注重对现场实时数据的监控，对运行人员的指导；它不仅处理全厂内部的各类监控数据，而且也为其上层的信息管理系统提供了大量的分析数据。

（二）SIS 的结构

1. 网络系统

对于数据采集而言，必须有一套完整的数据网络系统，同时，与 DCS、PLC、MIS 及其他相连的网络有数据传输接口。为了保证 DCS 与 PLC 系统运行的安全性与独立性，以及 SIS 与 MIS 网络之间的独立性，一般 DCS 与 SIS 和 SIS 与 MIS 之间都采用了单向传输的网络结构。目前，SIS 网络的硬件结构已经有了一个比较通用的、为业界所接受的方案。网络设备中还包含了安全保卫和备份容量设备，来保证网络系统的安全可靠运行。

2. 实时数据库

实时数据库平台为 SIS 网络提供了稳定的数据平台，这个数据平台不但存储从网络平台中获得的实时数据，同时，还作为 SIS 各个功能模块和 MIS 的数据源，及时提供各种实时/历史数据。为了保证数据调用的实时性，要求数据库能够有一定的数据存储的压缩率，使数据库可以在短时间内迅速获得各个功能模块所需要的数据。虽然国内数据库的研发技术不断提高，但是由于各种原因仍以引进国外成熟技术为主。在国内具有最多应用业绩的是 PI 数据库，eDNA 等数据库也有很多的应用。

3. 应用功能软件

应用功能软件是 SIS 系统的核心，是实现 SIS 对电厂运行安全性、经济性的主要手段，也是对于国内不同供应商而言 SIS 差异的主要领域。

(三) SIS 主要功能

1. 实时数据处理与管理

系统对全厂实时信息进行统一管理和分析显示，它将各种形式的电厂信息集中在一个功能强大的数据库中，一方面，在适宜的时候将正确的信息送给有关人员；另一方面，可支持性能计算、电厂负荷优化调度等一系列更高级的基础软件模块。它担当控制与管理之间的过渡和连接作用，是整个 IT 系统的核心基本系统。该系统包含以下内容：实时数据的管理和维护，实时信息统计分析，实时信息查询，实时画面的组态和编辑，与单元机组分散控制系统（DCS）的数据通信，与辅助车间（水系统、灰系统和煤系统）、汽车管理（TDM）等系统的数据通信，与网络控制系统（NCS）的双向数据通信。

2. 全厂生产过程实时监控

通过采集电厂各生产过程控制系统，根据 SIS 的网络需要，并按照企业信息系统标准发送有关实时生产数据，同时，将数据存入企业级数据库中。服务器上的实时图形、表格或曲线显示应用程序直接从企业管理平台获取，历史曲线或数据显示应用程序从企业级数据库中获取，监控站的用户通过通用的客户端监视系统画面，对各生产流程进行统一的监视和查询。对生产数据进行综合处理以形成全厂生产报表和生产成本，并根据现有各机组的运行工况对电网的负荷要求进行经济负荷分配，同时，对当前机组运行状况进行综合的经济评估，从而形成改善运行措施的操作指导并反馈到各机组的 DCS 进行优化运行，建立全厂实时数据库，以满足 MIS 或生产管理部门快速、高效地对过程收据进行采集、查询和处理的要求。

3. 厂级性能计算和分析

机组的性能计算主要包括经济性能计算、设备性能计算和安全性能计算。通过对机组的性能计算，可以反映出机组运行状况，并与设计值进行比较，以便判断机组是否在最优化设计工况下运行。

设备性能计算主要包括对锅炉性能，过热器、再热器、省煤器等热交换器性能，汽轮发电机性能，冷凝器性能，锅炉给水加热器性能，大型泵性能等进行计算。安全性能计算主要是对锅炉汽包壁温差超标、超温（包括过热器、再热器、水冷壁管等）、超压，各联箱温差超标和管系磨损以及结垢情况，和汽轮机甩负荷，汽缸温差超标、超温、转子热应力分析等量的积累、显示与分析，提示机组目前的服役情况。

四、发电企业管理信息系统

（一）管理信息系统的概念

管理信息系统（MIS）是对组织进行系统化管理的人机结合系统，它综合运用计算机及其网络技术、管理和决策方法，融合现代化的管理思想和手段，帮助管理人员进行信息管理和辅助决策。管理信息系统是随着数据库技术和网络技术发展并成熟起来的一种企业计算机应用系统，它能系统地组织、保存、处理企业的信息，以达到辅助企业管理的目的。从技术角度来看，管理信息系统的外在标志是应用了数据库管理系统及计算机网络技术而使系统本身具备了分布式数据处理能力，从而实现了真正意义上的企业信息管理的系统化。

管理信息系统一般是由人员、规程、数据库、计算机硬件和计算机软件五部分组成。人员是指企业的业务人员和管理信息系统开发人员；规程包括管理信息系统的开发、运行和维护的规章制度、企业业务流程和运作的规章制度；数据库是管理信息系统的核心，既要存储企业的业务数据，也要存储描述数据的数据、描述对数据如何加工，以及加工和数据的关联关系的数据；计算机软件系统和硬件系统是管理信息系统的运行环境。

简单地说，管理信息系统由硬件和软件两大部分构成，硬件是管理信息系统的保障，软件是管理信息系统的灵魂。硬件一般包括小型机、服务器、网络和终端等，其中，小型机的功能是专门管理数据库，也就是数据库服务器。服务器包括 Web 服务器、OA 服务器、备份服务器和实时接口服务器等，其作用是提供特定的服务。网络是一群通过一定形式连接起来的计算机，它是数据传输的通道。终端就是分布在各处的 PC 电脑和笔记本等设备，为个人提供网络办公、录入、查询等功能；同时，可记载个人文档资料。

（二）MIS 应用软件系统功能

1. 设备管理子系统

设备管理子系统以设备的编码为主线，将设备的基础信息串联起来。通过设备编码、物资编码、故障代码内在的联系串联起设备静态基础信息和动态履历信息，将缺陷状况、维修历史、维修费用、可靠性状况等信息与设备台账有机地结合，使设备管理者能够及时掌握设备在不同使用阶段的全息状态和知识库信息。

2. 检修管理子系统

检修管理子系统以企业资产为中心，对资产的全生命周期进行管理。该系统提供事后维修（缺陷等）、计划维修（大小修等）、预防性维修（定修）等几种维修模式，目的是提高资产可靠性及利用率，降低用户生产成本，积极改善资产回报。

3. 物资管理子系统

物资管理一方面可以及时满足企业生产、管理的物资需求；另一方面又要尽可能地降低物资的库存资金占用、降低采购成本、减少物资积压与浪费，从而降低生产成本。

物资管理子系统主要包括基础信息管理、需求计划管理、物资采购管理、物资库存管理、物资资金及财务稽核管理和物资定额管理等功能模块。

4. 运行管理子系统

运行管理的主要目的是监控运行设备的实时信息，动态掌握、分析运行设备的健康状况，执行"两票三制"规定，监测设备状态，发现设备缺陷，转入设备消缺管理，录入、维护发电厂日常生产运行信息，登记工作票、操作票进行计算机辅助统计，小指标管理和启停机管理，同时，对机组启停、重大操作、典型事故的处理给予操作指导等。

5. 生产技术管理子系统

生产技术管理子系统包括技术监督管理和技术创新管理两大功能模块。技术监督管理包括节能监督管理、绝缘监督管理、电测监督管理、继电保护监督、化学监督管理、金属监督管理、环境保护技术监督、热控监督管理和电能质量监督管理等；技术创新管理需要实现技术创新目标的确定、可行性研究、审查、立项、计划、费用、进度及完成情况的动态跟踪，及时将有关执行情况的数据反馈到基表，并进行统计分析。

6. 安全监察管理子系统

安全监察管理子系统包括安全计划管理、安全生产管理、安全技术管理、安全教育管理和事故管理等功能模块。

安全计划管理包含安全目标、计划的制订和实施，其中，安全计划分为安全措施计划、反事故措施计划、安全工作计划、安全工作总结、工作周安排和整改表的制定等。安全生产管理包含设备安全监督、"两票"管理。安全技术管理主要包括安全措施计划管理和反事故措施计划管理。安全教育管理包括安全规程考试管理和安全技术培训。安全规程考试管理包括安全规程的指定、安全规程考试和安全规程考试成绩统计等；安全技术培训包括安全技术培训计划、安全技术培训的执行情况。事故管理包括人身事故分析和设备事故分析。

7. 实时信息管理子系统

实时信息管理的范围覆盖了全厂生产过程，它通过网关与 SIS 相连，实现对全厂生产过程的经济指标监视及管理。通过提供实时经济指标、全厂负荷预测、运行成本预测数据，为竞价上网决策、运行、设备管理、计划统计、报价等系统传送数据。

8. 燃料管理子系统

燃料管理子系统的主要功能是实现电厂的燃料进、耗、存信息传递的计算机网络化，进行燃煤核算，为动态成本管理提供该方面的数据支持。燃料管理子系统主要包括燃料计划供应管理、燃料耗存管理、燃料计量管理、燃料质检管理、燃料费用管理、燃料综合管理等功能模块。

9. 预算管理子系统

通过预算管理将电厂的各项经营指标计划通过预算项目的划分予以具体化和量化，从横向上涵盖全厂生产经营的收入预算、燃料预算、物资预算、项目预算、费用预算、利润预算等各项预算，从纵向上包括预算方案的制订、预算执行与控制、调整和分析，以使整个电厂的生产经营活动处于受控状态，保证预期目标计划的实现。预算管理子系统包括预算体系建立与发布、预算执行控制和预算报表分析等功能模块。

10. 成本管理子系统

成本管理的目的是建设一个支持电力市场运行的网络信息系统，通过该系统一方面及时、准确地了解企业的运行成本，同时，及时了解市场需求信息与其他企业的生产能力，制订有竞争力的报价方案，获取更多的上网电量；另一方面，辅助制订经济运行方案与成本控制方案，降低运行成本，从而提高企业的经济效益。

11. 协同办公管理子系统

协同办公管理子系统包括公文管理、会议管理、车辆管理和电子邮件管理等功能模块。公文管理的基本内容包括公文的收/发管理、公文流程的记录和管理、公文信息的查询、公文实效的记录和统计、公文的催办和公文的归档等。会议管理是指通过网络发布会议通知，对重要会议、重要活动日程表、内容、出席范围、会议结果等信息进行管理。车辆管理的基本内容包括车辆档案信息管理、用车申请单管理和车辆信息的查询、统计等。电子邮件管理用以完成用户间非结构性的信息交流，使逻辑结构上的用户群内部方便地发布和传递信息。

12. 人力资源管理子系统

做好人员录用、招收、分配、安置、考核、评测、奖惩、调配、任免、培训、工资福利、退休、调转管理。制定公司的劳动人事管理制度，编制人力资源计划、定员定编方案，拟定并执行劳动报酬制度，对公司员工进行教育培训工作。

人力资源管理子系统包括人力资源需求、组织机构和劳动岗位管理、招聘、选拔及调配管理、人事档案管理、员工考勤、培训与发展、薪酬与福利管理和员工自助等功能模块。

13. 党群管理子系统

党群管理子系统包括政工管理、工会管理、企业文化建设管理等功能模块，其中，政工管理工作通过对党委、纪检监察和团委等工作的协调有序管理，可以增强企业内部的凝聚力，形成对积极向上的企业文化起着重要的推动作用。

14. 综合查询子系统

综合查询子系统通过权限管理、通用信息查询、资料检索等功能模块，发布生产与管理信息，便于企业生产与管理信息的共享与及时传递，并能直接进入企业内部网站，查阅相关信息。综合查询子系统为公司各级管理人员的管理与决策提供足够、及时、准确的信息，从而更进一步提高企业的管理效率，但所有信息都需要有相关授权才可发布和查阅。

15. 系统维护子系统

系统维护管理遵循"分布应用，集中管理"的原则，对整个电厂管理信息系统的权限、资料字典、代码、表格、系统日志等系统设定进行维护与管理。

第二节　变电站的信息化

一、变电站信息化总体框架

（一）变电站类型划分

1. 按照变电站在电力系统中的地位和作用可划分

（1）系统枢纽变电站。它位于电力系统的枢纽点，其电压是系统最高输电电压，目前，电压等级有 220 kV、330 kV（仅西北电网）和 500 kV，枢纽变电站连成环网，全站停电后将引起系统解列，甚至整个系统瘫痪，因此对枢纽变电站的可靠性要求较高。枢纽变电站的主变压器容量大，供电范围广。

（2）地区一次变电站。它位于地区网络的枢纽点，是与输电主网相连地区的受电端变电站，其任务是直接从主网受电，向本供电区域供电。全站停电后，可引起地区电网瓦解，影响整个区域供电。电压等级一般采用 220 kV 或 330 kV。

地区一次变电站的主变压器容量较大，出线回路数较多，对供电的可靠性要求也比较高。

（3）地区二次变电站。它由地区一次变电站受电，直接向本地区负荷供电，供电范围小，主变压器容量与台数根据电力负荷而定。

全站停电后，只有本地区中断供电。

（4）终端变电站。它在输电线路终端，接近负荷点，经降压后直接向用户供电，全站停电后，只是终端用户停电。

2. 按照变电站安装位置划分

（1）室外变电站。它除控制、直流电源等设备放在室内外，变压器、断路器、隔离开关等主要设备均布置在室外。这种变电站建筑面积小，建设费用低，电压较高的变电站一般采用室外布置。

（2）室内变电站。它的主要设备均放在室内，减少了总占地面积，但建筑费用较高，适宜市区居民密集地区，或位于海岸、盐湖、化工厂及其他空气污秽等级较高的地区。

（3）地下变电站。在人口和工业高度集中的大城市，由于城市用电量大，建筑物密集，将变电站设置在城市大建筑物、道路、公园的地下，可以减少占地，尤其随着城市电网改造的发展，位于城区的变电站乃至大型枢纽变电站将更多地采取地下变电站。这种变电站多数为无人值班变电站。

（4）箱式变电站，又称预装式变电站，是将变压器、高压开关、低压电器设备及其相互的连接和辅助设备紧凑组合，按主接线和元器件不同，以一定方式集中布置在一个或几个密闭的箱壳内。箱式变电站是由工厂设计和制造的，结构紧凑、占地少、可靠性高、安装方便，现在广泛应用于居民小区和公园等场所。

箱式变电站一般容量不大，电压等级为 3~35 kV，随着电网的发展和要求的提高，电压范围不断扩大，现在已经制造出了 132 kV 的箱式变电站。

箱式变电站按照装设位置的不同又可分为户外和户内两种类型。

（5）移动变电站。它是将变电设备安装在车辆上，以供临时或短期用电场所的需要。

3. 按照值班方式划分

（1）有人值班变电站。大容量、重要的变电站大都采用有人值班变电站。

（2）无人值班变电站。它的测量监视与控制操作都由调度中心进行遥测遥控，变电站内不设值班人员。

4. 根据变压器的使用功能划分

（1）升压变电站。它是把低电压变为高电压的变电站，如在发电厂需要将发电机出口电压升高至系统电压，就是升压变电站。

（2）降压变电站。与升压变电站相反，它是把高电压变为低电压的变电站，在电力系统中，大多数的变电站是降压变电站。

5. 按自动化程度分

变电站从自动化程度来分，有三种运行形式：第一种是常规变电站，第二种是部分实现微机管理、具有一定自动化水平的变电站，第三种就是全面微机化的综合自动化变电站。

在常规变电站中，其继电保护、中央信号系统、变送器、远动及故障录波装置等所有二次设备都采用传统的分立式设备，且站内配置有大量控制、保护、计量用屏盘，使设备设置复杂、重复，占地面积大，日常维护管理工作繁重。这种常规变电站的一个致命弱点是不具有自诊断能力，对二次系统本身的故障无法检测。为了预防这种故障，需要频繁地定期进行各种试验和调试，而一旦出现了所料未及的设备故障，便会给整个变电站的运行带来灾难性的后果。

要提高变电站运行的可靠性及经济性，一个最基本的方法就是要提高变电站运行管理的自动化水平，实现变电站综合自动化，以微机化的新型二次设备取代传统的分立式设备，集保护、控制、监测及远动等功能于一体，做到设备共享、信息资源共享，使变电站设计简洁、布局紧凑，使变电站的运行更加安全可靠。从国内外电力系统的发展趋势来看，变电站综合自动化已势在必行。

（二）变电站综合自动化

1. 变电站综合自动化简介

变电站综合自动化系统将变电站的二次设备（包括控制、信号、测量、保护、自动装置及远动装置等）利用计算机技术、现代通信技术，经过功能组合和优化设计，执行自动监视、测量控制和协调，是自动化和计算机、通信技术在变电所领域的综合应用。变电站综合自动化系统所能完成的主要功能包括数据采集、继电保护、参数监测、运行控制、事件记录、事故报警等。

变电站综合自动化收集较为齐全的数据和信息，通过计算机高速计算能力和判断功能，可以方便地监视和控制变电站内各种设备的运行及操作。变电站综合自动化具有功能综合化，设备、操作、监视微机化，结构分布分层化，通信网络光纤化及运行管理智能化的特征。它的出现为变电站的小型化、智能化、扩大监控范围及变电站安全、可靠、优质、经济运行提供了现代化的手段和基础保证。它的应用为变电站无人值班提供了强有力的现场数据采集及监控支持。

2. 变电站综合自动化的结构形式

（1）集中式结构。集中式一般采用功能较强的计算机并扩展其 I/O 接口，集中采集变电站的模拟量和数字量等信息，集中进行计算和处理，分别完成微机监控、微机保护和自动控制等功能。集中式结构也并非指只由一台计算机完成保护、监控等全部功能。多数集中式结构的微机保护、微机监控和与调度等通信的功能也是由不同的微型计算机完成的，只是每台微型计算机承担的任务不同。例如，监控机要担负数据采集、数据处理、断路器操作、人机联系等多项任务；担负微机保护的计算，可能一台微机要负责多回低压线路的保护；等等。

（2）分布式结构。该系统结构的最大特点是将变电站自动化系统的功能分散给多台计算机来完成。分布式模式一般按功能设计，采用主从 CPU 系统工作方式，多 CPU 系统提高了处理并行多发事件的能力，解决了 CPU 运算处理的瓶颈问题。各功能模块（通常是多个 CPU）之间采用网络技术或串行方式实现数据通信，选用具有优先级的网络系统较好地解决了数据传输的瓶颈问题，提高了系统的实时性。分布式结构方便系统扩展和维护，局部故障不影响其他模块的正常运行。该模式在安装上可以形成集中组屏或分层组屏两种系统组态结构，较多地使用于中、低压变电站。

（3）分布分散（层）式结构。分布分散式结构系统从逻辑上将变电站自动化系统划分为变电站层（站级测控单元）和间隔层（间隔单元）两层，也可分为变电站层、通信层和间隔层三层。该系统的主要特点是按照变电站的元件、断路器间隔进行设计。将变电站一个断路器间隔所需要的全部数据采集、保护和控制等功能集中由一个或几个智能化的测控单元完成。测控单元可直接放在断路器柜上或安装在断路器间隔附近，相互之间用光缆或特殊通信电缆连接。这种系统代表了现代变电站自动化技术发展的趋势，大幅度地减少了连接电缆，减少了电缆传送信息的电磁干扰，且具有很高的可靠性，比较好地实现了部分故障不相互影响，方便维护和扩展，大量现场工作可一次性地在设备制造厂家完成。

二、变电站监控系统

（一）变电站监控系统的功能

1. 数据采集与处理功能

（1）模拟量的采集。变电站采集的典型模拟量有：各段母线电压；线路电流、电压和功率值；馈线电流、电压和功率值；主变压器电流、功率值；电容器的电流、无功功率及频率、相位、功率因数。此外，还有主变压器的油温、变电站室温、直流电源电压、站用电电压和功率等。

（2）状态量的采集。变电站的状态量有断路器的状态、隔离开关状态、有载调压变压器分接头的位置、同期检查状态、继电保护动作信号、运行告警信号等。

（3）脉冲量的采集。变电站采集的典型脉冲量是脉冲电能表输出的电能量。这种量的采集在硬件接口上与状态量的采集一样，经过光电隔离后输入进微机系统，是对电能量包括有功电能和无功电能的采集。

（4）数字量的采集。数字量的采集主要是指采集变电站内由计算机构成的保护或自动装置的信息。其主要有三点：①通过监控系统与保护系统通信直接采集的各种保护信号，如保护装置发送的测量值及定值、故障动作信息、自诊断信息、跳闸报告、波形等；②全球定位系统 GPS；③信息通过与电能计费系统通信采集的电能量等。

（5）事故顺序记录和事故追忆。断路器和保护信号的动作顺序以毫秒级进行记录，能够在 CRT 上显示动作顺序及在打印机上打印。顺序时间应该存档。

（6）在线统计计算。根据采样的实时数据，能够计算每一电气单元的有功、无功功率；各相电流、电压；功率因数；日、月、年最大值、最小值及出现的时间。日、月、年电压、功率因数合格率的分时段统计，包括最大值、最小值超上限百分比，超下限百分比及合格率。统计计算和报表能按用户要求生成周、月、季、年或用户自定义的统计时段的上述所有统计功能。

2. 监视功能

（1）收集并获得全站主设备各种经处理运算后的模拟量并进行运行监视，包括线路、主变压器的各种被测量电流、有功功率、无功功率、母线电压、系统频率以及电流、电压上下限量值。

（2）收集并获得全站主设备运行的开关量并进行监视，包括各种断路器、隔离开关的变位处理与监视、断路器的气体压力、油压等的监视。利用系统中实时开关量状态和图形数据库存入的主系统单元图形，实现主系统图运行工况的 CRT 画面监视与显示。

（3）报警处理。报警处理分两种方式，一种是事故报警，另一种是预告报警。前者包括非操作引起的断路器跳闸和保护装置动作信号。后者包括一般设备变位、状态异常信息、模拟量越限/复限、计算机站控系统的各个部件、间隔层单元的状态异常等。

（4）系统的自诊断和自恢复。微机监控系统应该能够在线诊断系统的软件、硬件运行情况，一旦发现异常能够发出报警信号。自诊断的范围包括 I/O 单元、主机，自诊断到模件级故障，各类通道故障（含与I/O单元和与保护装置的通信通道），系统时钟同步故障（含与保护的时钟同步），外设故障，软件运行出格等。

（5）维护功能。维护功能指对该系统进行的诊断、管理、维护、扩充等工作。它包括数据库维护和功能维护两方面。数据库维护是工程师用交互方式在线对数据库中的各个数据项进行修改和增删。功能维护包括自动控制功能的启动与停止，对各种应用功能运行状态的监测，各种报表的在线生成和显示画面的在线编辑。

3. 控制功能

变电站的控制功能有调度中心远方控制、站内SCADA控制和后备手动控制三种方式。而这三种方式，优先级可以选择。

调度中心远方控制是通过主控单元自动执行对各种设备的操作控制。对于远方操作的隔离开关，由微机监控系统取得断路器、隔离开关、接地开关的位置信号，通过系统软件及作业完成后的开关设备防误操作闭锁和操作提示，故障消除后的自动复归（由软件完成），解除报警信号。

站内SCADA控制是运行人员在控制室后台主机上调出操作相关的设备图，由键盘、光标控制或软件自动形成断路器、隔离开关的跳、合闸命令，通过有关功能模块和开关量输出控制命令，实现断路器、隔离开关的跳、合闸操作。后备手动控制则是当计算机监控系统控制停运或发生故障时，在I/O测控装置上对变电站内所有断路器、隔离开关实现一对一控制。

完整的微机监控系统是上述三种功能的综合集成，它利用计算机高速度、大容量和智能化的特点，把一个复杂的工作过程组织管理成一个综合、完整、高效的自动化整体。

（二）变电站监控系统硬件设备

1. 间隔层设备

间隔层设备是系统与一次设备的接口，其作用是把模拟量数字化，并根据所采集的模拟量、数字量信号实现保护功能，上送测量和保护信息，且接受控制命令和定值参数。

间隔层设备主要由测控装置、保护单元组成。在间隔层内，测控装置完成了变电站一个断路器间隔所需要的全部数据采集、保护和控制等功能。

间隔层设备的主要功能有六点：①汇总本间隔过程层实时数据信息；②实施对一次设备保护控制功能；③实施本间隔操作闭锁功能；④实施操作同期及其他控制功能；⑤对数据采集、统计运算及控制命令的发出具有优先级别的控制；⑥承上启下的通信功能，即同时高速完成与过程层及站控层的网络通信功能。

2. 过程层

（1）电力运行的实时电气量检测。与传统的功能一样，主要是电流、电压、相位以及谐波分量的检测，其他电气量如有功、无功、电能量可通过间隔层的设备运算得出。与常规方式相比所不同的是，传统的电磁式电流互感器、电压互感器被光电电流互感器、光电电压互感器取代，采集传统模拟量被直接采集数字量所取代，这样做的优点是抗干扰性能强，绝缘和抗饱和特性好，开关装置实现了小型化、紧凑化。

（2）运行设备的状态参数在线检测与统计。变电站需要进行状态参数检测的设备主要有变压器、断路器、隔离开关、母线、电容器、电抗器以及直流电源系统。在线检测的内容主要有温度、压力、密度、绝缘、机械特性，以及工作状态等数据。

（3）操作控制的执行与驱动。包括变压器分接头调节控制，电容、电抗器投切控制，断路器、隔离开关合分控制，直流电源充放电控制。过程层的控制执行与驱动大部分是被动的，即按上层控制指令而动作，比如，接到间隔层保护装置的跳闸指令、电压无功控制的投切命令、对断路器的遥控开合命令等。在执行控制命令时具有智能性，不仅能判别命令的真伪及其合理性，还能对即将进行的动作精度进行控制，能使断路器定相合闸、选相分闸，在选定的相角下实现断路器的关合和开断，要求操作时间限制在规定的参数内。如对真空开关的同步操作，要求能做到开关触头在零电压时关合，在零电流时分断等。

3. 站控层

站控层为变电值班人员、调度运行人员提供变电站监视、控制和管理功能。系统的站控层，设置有三种类型的主站：当地监控主站、远动主站和功能主站。主站之间通过以太网连接，以实现信息共享。

监控主站是变电站内的主要人机交互界面，它收集、处理、显示和记录间隔层设备采集的信息，并根据操作人员的命令向间隔层设备下发控制命令，从而完成对变电站内所有设备的监视和控制。

站控层的主要任务有七项：①通过两级高速网络汇总全站的实时数据信息，不断刷新实时数据库，按时登录历史数据库；②按既定规约将有关数据信息送向调度或控制中心；③接收调度或控制中心有关控制命令并转间隔层、过程层执行；④具有在线、可编程的全站操作闭锁控制功能；⑤具有（或备有）站内当地监控、人机联系功能，如显示、操作、打印、报警，甚至图像、声音等多媒体功能；⑥具有对间隔层、过程层诸设备的在线维护、在线组态、在线修改参数的功能；⑦具有（或备有）变电站故障自动分析和操作培训功能。

（三）变电站监控系统软件结构

1. 变电站监控软件系统层次

监控系统的软件可以分为操作系统、支撑软件和应用软件三个层次。操作系统位于系统的最底层，它的上面是支撑软件，应用软件位于系统的最上层。

支撑软件指数据库管理系统、办公应用软件等为用户应用软件提供运行支撑的系统软件和工具软件。早期的 SCADA 系统没有支撑软件的概念。

支撑软件引进 SCADA 系统的原因，首先是系统开放性的要求，包括系统互联性要求、用户对数据共享的要求、用户进行二次开发增加新功能的要求等。比如，数据库管理系统的引入，用户可以通过标准的 SQL 语言去访问 SCADA 数据库，从而数据共享和用户二次开发的问题得到解决。

其次，支撑软件的引进反映了 SCADA 系统技术上的发展以及概念上的扩展。说明 SCADA 不再是一个孤立的系统，已经成为电力企业综合信息系统的一个子系统，可以分享其他子系统的资源，同时，自己的资源也为其他子系统所共享。

应用软件是指完成 SCADA 功能本身的软件。这部分软件一般是在操作系统和支撑软件之上根据需要自行开发的。在本系统中，应用软件包括数据处理系统、图形查看程序、告警显示、图形显示及维护、下发命令管理程序和报表打印程序等。

2. 变电站监控软件系统的逻辑构成

变电站上位机监控系统是调度员以及运行管理人员监控对象变电站的开关和线路等设备的一个中介，因此，监控系统除了自身的核心部分以外，还应该包括系统和监控对象的接口、系统和使用者的接口。基于此，监控软件在逻辑上可以分成数据处理系统、前置机系统和人机联系工作站三个部分。

数据处理系统是监控的核心部分。它起到监控数据库和数据库维护的功能以及数据计算、统计等数据处理的功能。

前置机系统主要和下位机的保护测量装置打交道，完成系统和监控对象的接口。前置机软件包括串行口通信功能、规约转换功能、数据预处理功能以及和数据处理系统通信的功能。

人机联系工作站负责提供用户界面，如图形、表格、声音及动画等。此外，人机联系工作站还为用户提供向 RTU/FTU 发控制命令（如遥控）的手段。监控系统本身的许多维护工作也是通过人机联系工作站进行的。

3. 监控软件系统的设计及应用软件模块

软件系统的整体工作流程是：平时处于正常监控运行状态，数据采集及通信模块负责接收来自下位机保护测量单元发送的实时数据，同时，把接受到的数据送到数据管理模块进行处理并同时存入数据库，图形显示模块完成变电站运行状态的实时显示，报表打印模块完成定时打印日报表、月报表；当用户对下位机遥控量进行操作时，命令管理模块通过对下通信管理模块与下位机进行通信，以实现对实际设备操作；当有事件发生时，报警显示模块通过图形显示对运行人员进行提示，同时，由对上通信管理模块对远方调度上传报警信息。

系统中，数据采集及通信模块为整个监控软件的基础，负责规约转换和数据预处理任务，是系统全部数据的来源，其具体工作是在网络适配卡里完成的。该模块要完成实时数据的周期性扫描任务，报文翻译处理，接收下位机测控保护单元上传的事故变位、SOE、保护动作、事故记录和报警等信息，并上传给监控主机中相应的其他模块；传输命令单元给间隔层装置的控制命令、保护定值修改等任务。

数据库管理系统为监控软件的核心，主要实现对数据库的集中管理，应用层其他软件模块通过调用其提供的一系列接口完成对数据的查询、添加、删除等工作。数据库管理模块包括历史数据库管理模块和实时数据库管理模块。其中，历史数据库管理模块负责历史数据的定时储存访问；历史数据的更新操作维护，历史数据的统计、分析、修改、查找；日报、月报、年报数据的统计存取；曲线数据的定时记录，报警历史记录的打印。该模块还提供了简单友好的用户操作界面。实时数据库管理模块的功能是负责实时数据库的生成、查询和实时更新、响应其他任务对实时数据库的实时请求等。

与远方通信管理模块负责完成当地监控主机与调度的实时通信，上传报警信息同时接收调度的下发遥控、遥调命令，该模块的功能也是在网络适配卡里完成的。根据具体要求和电力通信的特点，系统采用了101规约。101规约适用于异步串行通信方式，属于问答式规约，主动权掌握在调度端。它一般应用于变电站和调度中心的信息交换，网络结构多为点对点的简单模式和星形模式。它的内容涵盖广，功能非常强大。

三、变电站生产管理系统

（一）变电站生产管理系统概述

1. 系统建设目标

（1）变电站生产运行数据记录的管理。变电管理的内涵包括变电站设备台账管理、变电站的设备巡视、负荷数据记录和两票管理，以及其他常规管理。

（2）接受变电站监控系统的实时数据。变电站管理信息系统中相当一部分是数据内容（遥测、电能和 SOE 均须通过监控系统来获得）。因此，需要实现变电管理系统和监控系统的数据接口。与此同时，变电站管理系统还将与操作票和工作管理系统进行数据交换处理。

（3）变电站管理数据报表生成。报表管理是变电运行管理系统的重要组成部分，变电管理系统的数据录入后经过统计分析，分析结果最后将以报表的形式进行记录和显示。

（4）与上级管理信息系统网络连接。变电运行管理信息系统在监控系统上协调运行的同时，作为电力管理信息系统的有机组成部分，也要接入到上级电力公司的电力管理信息系统中去，并对外发布相关数据内容。

2. 变电站信息管理流程

（1）变电站数据采集层。变电运行的主要数据都由变电站的生产运行所产生，变电站是系统基础数据的主要来源。以前，这些数据主要靠变电站运行人员手工采集录入，随着变电运行技术水平的提高，大量实时数据采集系统已投入运行。

（2）变电站数据处理层。检查所采集的基础数据的准确性；根据工作流程进行两票管理，生成各种基础记录；录入其他基础数据；生成各种管理数据，并与供电局处理层进行数据交换。

（3）供电局数据处理层。对各变电站上报数据进行处理、汇总，并与电业局处理层进行数据交换。

（4）电业局数据处理层。对各供电局上报数据进行处理、汇总，形成全局综合统计数据，为全局变电运行管理工作提供基础数据。

3. 系统模块

（1）变电运行管理子系统。主要对变电站日常工作记录、报表及基础资料等信息进行全面的计算机管理，并与本站的 SCADA 相联，接收监控系统所提供的实时信息，实现日常运行管理与实时系统的信息集成。

（2）操作票专家子系统。主要实现变电站操作票的在线智能化开票，提高操作票的正确率、合格率。

（3）技术培训子系统。主要实现技术培训工作微机化，通过形式多样的培训，提高运行人员的业务素质和技术水平。

（二）变电站生产管理系统功能模块

1. 运行管理

（1）交接班。变电站生产管理系统模块用于变电值班员的交接班工作，有交接准备、日志打印、交接班和资料备份四个子模块。可记录交接班过程，逐项提示交接班应做的工作。

（2）运行记录。运行记录即工作记录，有运行记事（日志）、操作任务、开关跳闸等13项记录。除事故异常情况外，其他须记入运行记事（日志）的内容均由各单项记录、两票、停电申请等自动转入。

（3）运行维护。录入、查询、修改、揭示例行的运行维护工作情况，取代运行维护周期表。

（4）待办工作。揭示本班期间应做的各项周期性维护工作。

（5）停电申请。办理停电设备停电检修申请的一切手续，有关内容自动转入运行记录。

（6）培训记录。录入各项培训活动的统计数据，以便运行报表调用。

2. 票管理

（1）操作票和安全措施票。填写、审核、打印、评议、查询操作票（安措票）。从预发命令到操作结束，有关内容均自动转入运行记事和操作任务记录。操作票顺序内容不能自动生成，必须经过值班员思考手工选择录入。系统提供模块，由运行人员事先录入典型操作票。录入时系统提供常用短语、术语供录入使用，以提高录入速度。生成具体操作票时，系统退出接线图，可直接选设备，然后选择操作任务，此时系统退出典型操作票，运行人员可通过选择典型票中的具体步骤生成具体的操作票。同时，系统还可对运行人员的操作进行检验。

（2）工作票。工作票分第一种和第二种工作票，具有签发、审核、打印、许可、人员变动、工作结束、评议、查询等功能，有关内容均自动转入运行记事和工作票登记簿。工作票不能自动生成，而由签发人、许可人自己思考填写，系统提供常用短语、术语供录入使用，以提高填票速度，签发的所有工作票均存入软磁盘，交现场使用（密码识别签发人）。

（3）两票统计。对两票进行月度和年度统计，包括执行总数、错票数、调度作废票数和合格率等。

3. 安全生产管理

（1）安全天数记录。自动显示变电站截至目前为止的安全天数，最高纪录可显示9999 d，系统提供查询记录功能。

（2）千次操作记录。记载、显示变电站和各值班员千次操作无差错记录，具有中断功能。

（3）事故障碍记录。记录变电站发生的各类事故、障碍情况，设备事故可自动转入相关的设备档案。

（4）安全工具。检查试验记录，安全工具登录、修改、删除、试验周期监督等。

4. 设备管理

（1）周期监督：本模块用于设备修试周期的揭示和预测等，具有建立设备揭示项目、查询、预测、修试情况，修改修试日期，上报修试情况等功能。

（2）缺陷管理：本模块用于设备缺陷的记录、缺陷处理通知单和月报表打印、缺陷分类统计、缺陷上报等。缺陷分类标准可扩充修改，帮助值班员进行缺陷类别确定，对设备一类的重大缺陷，自动转入有关设备档案。

（3）设备评级：本模块用于变电设备单元的评级工作，具有建立评级单元、修改评级、查询、统计上次评级及打印评级报表功能。

5. 基础信息

（1）全所大事记。介绍变电站设备、人员等总体概况和各项大事记，可自由编辑录入。

（2）人事简况。显示变电站人事卡片（包括人员照片显示），可进行录入、修改、删除和打印。

（3）设备档案。建立、修改、删除、查询、统计、打印和上报变电站一次设备档案（参数和历史情况记录），设备历史情况记录由其他相关模块自动录入。

（4）消防档案。建立、修改、删除、查询和打印消防器材档案。

（5）工具档案。建立、修改、删除、查询和打印工器具、仪器、仪表档案。

（6）备品档案。建立、修改、删除、查询、打印变电站常用备品备件档案。

（7）运行图表。记录和显示变电站值班室应具备的常数，如设备主要运行参数表、事故紧急拉闸顺序表、电话号码表。

（8）职责分工。记录设备运行、检修主人分工表，清洁区分工表，运行记录责任人三部分内容。

6. 培训管理

培训管理部分包括技术培训和自动试题库系统。主要目的是通过形式多样的培训，提高运行人员的业务素质和技术水平。培训的内容涉及反事故演习、班组考问、技术问答、事故预想等。出题方式有人工出题、按出题个数自动出题和按考试时间自动出题三种方式。

第三节　输配电的生产管理信息化

一、输配电生产管理系统概述

随着电力科技的革新，输配电生产管理不断向信息化方向发展。输配电生产管理信息系统是应用现代先进的计算机技术、图形、自动化、通信技术等技术手段对电网进行在线与离线的智能化管理，使电网处于安全、可靠、优质、经济、高效的运行状态，更好地满足用户的电能需求，是促进服务创新、管理创新、技术创新是建成国际一流的现代化电网的基础和重要保证。

根据需求分析，可以将输配电管理工作的业务分为两个比较接近的业务系统。在电力企业中，由于所管辖电网内在的一致性，使得为了维护电网正常经济运行所产生的业务具有比较大的相似性，并且在管理上有着相互的内在联系。同时，由于电压等级的不同，配电管理和输电管理的具体工作中，又需要有不同的处理方式，而衍生出一些不同的业务。

输配电管理共同的功能基础上，结合电压等级的不同有其各自的应用侧重和功能衍生。其结构上可划分为下面三个部分：

第一，基础系统部分。基础系统部分是输配电管理系统的基础支撑部分，包含了数据、图形信息的集成平台环境。

第二，应用系统部分。应用系统部分是建于基础平台上的各具体功能应用子系统，从功能上可分为输电管理系统和配电管理系统两大体系。

第三，接口系统部分。接口系统部分是与其他数据源相结合而建立的复合子系统、或完成数据交换的接口系统。

二、输变电管理信息化

（一）输变电管理子系统的功能和服务范围

随着经济的发展，各行各业对于电力的需求和要求越来越高，而传统的工作方式已经很难适应现代化电力生产管理的需要。随着供电生产技术部门的管理工作所涉及的电网图纸及设备属性信息越来越多，如果完全由人工进行管理、查询、修改，既费时费力，又无法得到较高的工作效率。

输变电图形信息管理系统（PTDGIS）是在供电企业生产管理工作需求的直接驱动下，在分析、总结了供电生产各项业务活动流程的基础上，针对我国目前供电企业的实际情况，参考国外有关技术，综合利用计算机图形技术、数据库技术、计算机网络技术开发出的一套现代化供电生产管理用计算机系统。它为供电生产的管理、调度、设计、维护等工作提供方便、直观的工具，从而提高供电生产的工作效率，降低生产管理费用。

（二）输变电设备管理

1. 变电设备管理

变电设备管理包括变电设备台账监管、变电设备查询、变电设备汇总统计、变电设备相关信息关联查询等功能。

变电设备台账管理提供各类变电设备的编辑、维护功能，设备类别包括变压器、断路器、隔离开关、母线、电容器、电抗器、耦合电容器、CT、PT、避雷器、消弧线圈、阻波器、全封闭组合电器、直流电源（蓄电池和充电机）、接地网、消防系统等。本模块包含直流输电系统换流站内的各种设备，如换流器、换流变压器、平波电抗器、无功功率补偿装置、直流滤波装置、交流滤波装置、开关装置、直流控制保护装置、设备单元等。

变电设备查询以单位、电压等级、制造厂家、投运日期、型号、容量等为查询条件，组合查询检索各类设备，并可调阅详细信息，可以按指定年限检索出各类投产超年限设备。

变电设备汇总统计按单位、电压等级、设备类别等分类汇总各类设备清单，统计各类设备数量、容量、同比增长等。

变电设备相关信息关联查询通过统一设备标识从 GO、GD、SS 等其他模块中关联查询各类设备的运行、检修、缺陷等方面的信息，实现关联信息的数据共享，包括设备检修记录、设备巡视记录、设备测量记录、设备缺陷信息、设备故障信息、设备评价情况和设备异动情况等。

2. 输电设备管理

输电设备管理包括输电设备台账监管、输电设备查询、输电设备汇总统计、输电设备相关信息关联查询等功能。

输电设备台账管理提供各类输电设备的编辑、维护功能，设备类别包括架空线路（110 kV 及以上）、电缆线路（110 kV 以上）以及各种附属设施。架空线路附属设施包括杆塔、导线、地线、绝缘子、金具、防震锤、熔断器、避雷器等。电缆线路附属设施包括电缆头、电缆中间头、电缆避雷器、电缆井等。本模块包含跨区电网输电设备。

输电设备查询以单位、电压等级、交直流类型、投运日期、铺设方式等为查询条件，组合查询检索输电设备（架空线路和电缆），并可调阅详细信息。可以按指定年限检索出各类投产超年限输电线路。

输电设备汇总统计按单位、电压等级等分类汇总输电线路清单，统计线路条数、长度、同比增长、运行年限所占比例等。

输电设备相关信息关联查询通过统一设备标识从 GO、GD、SS 等其他模块中关联查询各类输电设备的运行、检修、缺陷等方面的信息，实现关联信息的数据共享，包括线路（含附属设施）检修记录、线路巡视记录、线路（含附属设施）缺陷信息、线路评价情况、线路交叉跨越信息、线路故障信息、线路污区情况、线路设备测量信息（杆塔倾斜测量记录、盐密度测量记录、绝缘子测试记录等）等。

（三）GIS 在输变电工程中的应用

GIS 在输变电工程中具有广大的客户市场，其客户群主要包括输变电工程的系统规划、勘测计划、施工建设和电网运行管理部门中的各级决策、管理和技术人员。从输变电线路的规划、设计到施工，一般需要 5~10 年的时间，而投入运行后的维护和管理是一个更长的过程。在这一过程的不同时段里，将涉及成百上千千米线型延长区域内的空间图形及相关的属性数据（如地形、地貌、地质、水文、建筑物、输电线路、杆塔等）。它们往往是时空宽广的海量数据，如何进行数据的采集和处理是一项复杂度高的技术工作，需要专门的设备和技术辅以实现。

输变电 GIS 是地理信息系统技术在输变电工程管理方面的实用型系统，是在地理背景图上对输变电区域内的各种地理信息以及各种杆塔参数、电力设备实施等进行综合分析和管理的系统，以辅助电网的规划、设计、施工、运行管理和科学决策。

1. 规划管理

规划部门在基础地形数据库和相关的专题数据库基础上，可利用 GIS 进行线路或电网的规划，并初步统计该线路的各种经济、技术指标，从而确定选线的可行性。同时，可对工程费用做初步预算，以便向勘测和设计部门提供经济、合理的线路路径方案。

2. 工程设计

在规划成果的基础上，进一步完善空间数据库，形成以三维地面模型为载体的各种专业的详细数据库，使设计部门能实时、方便地获取丰富、详细的定量和定性数据，从而有助于进行选线和自动排位，并将设计数据入库。依据设计成果，最后可向投资方提供各种准确、可靠的经济技术指标，向施工部门提供各种详细的施工数据和施工环境数据。

3. 工程施工

在施工阶段，可以准确、快速地从设计成果中获取有关设计数据、交通状况等指标，并可进行工程的监督，把握施工进度。同时，还可以及时地对施工阶段的数据进行采集、编辑、入库，直接为电网的运行维护和管理提供支持。

4. 运行维护

由于系统中已经建立了基于实际地理位置的电网空间数据库（如线路走向图、杆塔分布图、交叉跨越等）和属性数据库以及相关的技术资料，因此在运行维护阶段，可以依据这些实际数据和电网运行的数据（如电流、电压），进行各种管理和分析，为电网调度和决策提供服务。例如，输变电设备与线路档案管理、线路地理走向图管理、设备运行管理、线路实时潮流分析、故障测距、能量管理、雷电定位、检修管理、两票管理、备件库存管理、缺陷管理等。

三、配电管理信息化

（一）配电管理子系统的功能

地理信息系统可以解决现有应用系统和管理中存在的问题，提高企业服务质量、管理和决策水平，提升企业核心竞争力，以创造更大的经济效益。

第一，提高电网管理的自动化程度，改变落后的人工管理方式，满足电力用户对配电网的供电可靠性、电能质量、工作效率和优质服务方面的要求。

第二，在地理图上直观地反映出电网中设备、负荷及用户的分布情况，模拟电网的实际运行情况，并在地图上直接对线路、设备和用户等需要的数据资料进行查询和统计，将结果形象、直观地在地图上表示出来，自动生成相应的专题地图（设备负载图、客户统计图、区域分析图等），有效地指导电网运行管理和生产决策。

第三，提供强大的图形绘制和处理功能，可由线路图自动生成各种专题图，为各种图纸的绘制提供高效便捷的工具，使得图形信息能够及时更新，保证数据信息的准确、完整和一致性。

第四，提供强大的电网运行管理分析和优化工具，保证电网安全、经济运行，加强运行维护和营业服务等专业的管理，加快报装、报修和抢修响应速度，提高客户满意度，为有效提高工作效率和服务质量提供技术支撑。

第五，构建一个数据交换和信息共享平台，将现有孤立的应用系统（MIS、客户服务、用电等）进行有效整合，为决策层、管理层和业务层提供及时、准确、全面的信息服务，为电力生产、管理、经营和决策提供科学依据。

配电生产管理信息系统的实现以配电网管理为基础，采用先进的计算机和通信手段，并利用 AM/FM/GIS（自动绘图/设备管理/地理信息系统）技术，建造一系列配网科学化管理的模型，用于配电网络的管理。

（二）配电设备管理

配电设备管理包括配电设备台账管理、配电设备查询、配电设备汇总统计、配电设备相关信息关联查询等功能。

第一，配电设备台账管理提供各类配电设备的编辑、维护功能，设备类别包括四大类设备：①架空类设备，包括杆塔、导线、变压器、串联设备（开关、隔离开关、跌落）、辅助类设备（避雷器、故障显示器、杆上PT、接地环）、路灯等；②电缆类设备，包括电缆埋设、电缆埋管、电缆埋设防火墙、电缆井、电缆路径、电缆中间接头等；③站房类设备，包括变电站、开关站、配电站、开闭所、配电室、箱式变、环网柜、电缆分支箱、低压动力箱、表箱、计量箱、电表、高压用户；④站内设备，包括变压器、断路器、隔离开关、手车、母线、CT、PT、保护装置、带电指示器、地线、电度表、接触器、电容器、电抗器、避雷器、消弧线圈、阻波器、熔丝、站内电缆和终端头等。

第二，配电设备查询以单位、电压等级、制造厂家、投运日期、型号、容量等为查询条件，组合查询检索各类设备，并可调阅详细信息。可以按指定年限检索出各类投产超年限设备。

第三，配电设备汇总统计按单位、电压等级、设备类别、用户等分类汇总和统计在运设备及线路清单、数量、容量、线路条次、长度、同比增长等。

第四，配电设备相关信息关联查询通过统一设备标识从GO、GD等其他模块中关联查询各类配电设备的运行、检修、缺陷等方面的信息，实现关联信息的数据共享。

（三）配电运行管理

第一，设备变更统计分析按单位、电压等级、变更类别、设备类别等分类统计配电设备的新投、退运、技改等方面的信息，统计的设备种类包括变压器、电抗器、电容器、线路及其附属设施等，统计数据主要包括变更设备数量和同比数据等。

第二，停运统计分析按单位、电压等级、停运原因、责任、性质等分类统计配电设备停运方面的信息，停运性质包括计划、非计划和强迫。统计数据主要包括停运的次数、容量、停运原因、停运率和同比数据，并包括与此相关的跳闸数据，如跳闸次数、跳闸容量、跳闸率和同比数据。

第三，设备停电统计分析按单位、电压等级、停电类别、性质、原因等分类统计配电设备停电方面的信息，统计数据主要包括次数、户数、停电时间、缺供电量等。

第四，断路器动作统计分析按单位、电压等级、动作类别等分类统计断路器动作方面的信息，统计数据主要包括切除故障操作次数、正常操作次数、调试操作次数、总操作次数等。

第五，设备负载统计分析通过收集到的配电自动化系统实时数据，依据配电设备额定载流量，统计分析配电设备的负载运行情况。

第六，设备评价统计分析按单位、评价级别等分类统计各类配电设备的评价信息，统计数据主要包括完好（Ⅰ级）、较好（Ⅱ级）、注意（Ⅲ级）三个等级下的设备数量、设备完好率等。

（四）配电具体功能

第一，评价管理。建立一个专家自动评价模型，包括配电设备的评价模型、评价标准，根据专家知识、经验以及设备的缺陷自动评价设备或一个整体，如盘柜、馈线等。

设备的评价信息可以进行查询统计、分析，以图表可视化的直观方式展现给用户。提供样式多样的查询统计功能，如查询统计单个设备的历史评价信息，单一类型设备的评价信息，按设备维护单位、设备所属单位等，记录历史评价信息，挖掘有用信息，形成汇总，提供决策参考。

第二，异动管理。对配电设备的变更，实现了异动录入—异动审核—异动审批—异动发布—异动存档的闭环流程管理。异动录入环节提供从系统中选择一定区域范围的设备数据生成异动图纸，在生成异动图纸上进行设备建模及台账等编辑操作；异动图纸随异动单流程流转，并随着异动单发布同时将图纸进行发布，保证地理电气接线图的一致性和实时性。

系统提供异动图纸离线操作功能，可结合 PDA/GPS 数据采集，进行现场数据采集并现场更改异动图纸，连接数据库后直接导入系统即可完成设备异动。

第三，缺陷管理。实现从缺陷的发现到消缺进行全过程的闭环管理，包括缺陷的上报登记、记录各级领导的处理意见、缺陷的消缺处理等过程，消缺业务流程可转入检修业务流程。缺陷信息可以由巡视管理、故障管理、检修管理等业务过程转入，同时，可以在设备异动和设备检修等管理中消除相关设备缺陷，未消缺缺陷不能归档，这样实现缺陷业务在整个生产过程中的闭环管理。

第四，巡视管理。提供基于责任片区和巡视模板的结合模式，实现制订巡视计划—审核巡视计划—执行巡视计划（发现缺陷将设备转入缺陷记录）整理归档的闭环流程管理；系统提供年度、季度、月度及周巡视计划的制定功能，同时，提供特殊巡视的制定功能。

系统还提供制定巡视模板、巡视内容标准化管理及划分设备责任片区等功能，提供基于移动 GIS 的 PDA/GPS 巡视管理功能。

第五，故障管理。系统录入故障记录—班组抢修（发现缺陷将设备转入缺陷记录，需要异动转入异动记录）—审核分析故障原因整理归档的闭环流程管理。

同时，提供动态着色故障设备。根据设备的故障发生时间，对设备进行高亮显示或标注，此外，还能对这些设备进行设备定位和查看台账的功能，并统计生成故障专题图表。

第六，工程管理。系统实现了从工程设计—工程施工—工程验收整个配电工程建设的流程化管理功能。从工程设计阶段起，系统提供工程设计图生成及编辑功能，整个设计图随工程施工流程流转；同时，实现工程管理与异动管理的紧密结合，工程施工完毕后异动单可以自动根据工程施工图生成异动图纸进行异动流转。

第七，备品备件管理。主要有备品分类管理、备品领用管理、备品外调/报废/淘汰管理、备品定额管理、备品补充管理、备品需求计划管理和备品查询统计。

第八，安全工器具管理。提供安全帽、安全带、安全绳、接地线，高压验电器、绝缘杆、绝缘板、绝缘手套、绝缘靴，还有带电显示装置，误入带电间隔报警装置和安全标志等安全工器具的领用、登记管理等。

第九，设备退役管理。提供对设备台账历史信息管理功能，提供设备退役原因及时间的记录功能；可以通过对设备台账历史信息进行分析查询统计形成报表，对部分设备的部分历史信息进行分析作为设备更迭和设备购置需求的依据。提供历史设备模拟定位的功能，再现历史电网模型。

第五章 电力监管的信息化建设管理研究

电力监管在确保电力市场的公平、透明和高效运行方面具有重要作用。随着电力市场的不断扩大和复杂化，传统的监管方式已经难以满足日益增长的监管需求。信息化建设为电力监管带来了新的可能性，它不仅可以提升监管效能，还能够更好地满足监管机构对电力市场各环节数据的实时监控和分析需求，从而确保电力市场的公正竞争和高效运行。

第一节 电力监管信息化建设的必要性与需求

一、电力监管信息化建设的必要性分析

"信息化是当今世界发展的大趋势，信息化发展程度已成为衡量一个国家国际竞争力、综合国力和现代化水平的主要标志。"[1] 在电力工业发展的新阶段，在电力监管工作的新形势下，电力监管信息化建设是贯彻《电力监管条例》、加强电力监管职能建设的需要；是加强市场监管、优化资源配置、建设节约型社会的需要；是保障电力安全运行、维护社会稳定，建设和谐社会的需要；是推动电力监管工作创新、构建创新型社会的需要。

（一）贯彻《电力监管条例》，加强电力监管职能建设的需要

电力监管信息化建设是《电力监管条例》中"国务院电力监管机构应当建立电力监管信息系统"的法定要求。同时，电力行业信息化建设起步较早，发展较快，目前，已基本实现电力生产及电网运行主要业务的自动化和信息化。根据《电力监管条例》的规定，电监会必须对电力市场和电力安全运行等主要业务进行监管。长远来看，为了切实行使电力监管职能，提高监管水平和监管效率，电力监管手段必须与电力行业信息化建设水平相适应，因此，电力监管信息化建设已成为丰富电力监管手段、强化电力监管力度的一个必

---

[1]史玉波. 开拓进取加快电力监管信息化建设 [J]. 信息化建设, 2007 (3): 14.

不可少的选择。

（二）加强市场监管，优化资源配置，建设节约型社会的需要

我国电力市场建设的指导思想是：从我国的国情出发，借鉴国外电力市场建设的经验，遵循社会主义市场经济规律和电力工业发展规律，以厂网分开、竞价上网为基础，以区域电力市场建设为重点，打破市场壁垒，充分发挥市场配置资源的基础性作用，优化电力资源配置，促进电力工业持续健康发展，满足国民经济发展和人民生活水平提高对电力的需求。

在区域电力市场加紧建设的同时，必须加紧推进电力监管信息化建设，加大对电力市场秩序和交易行为的监管力度，打破垄断，真正建立公平、公正、公开的竞争性电力市场，在促进电力工业健康发展的同时，为国民经济的稳定发展做出应有的贡献。

推进电力监管信息化建设，有利于加强电力市场监管力度，提高电力市场监管水平；有利于打破市场垄断，引入竞争，提高市场效率，降低成本，健全电价机制，优化资源配置，促进电力发展，推进全国联网，构建政府监管下的可以充分发挥市场基础作用的电力资源优化配置体系，建设节约型社会。

（三）保障安全运行，维护社会稳定，建设和谐社会的需要

电力工业是国家重要的基础产业和公用事业，电力事故涉及面大、传播速度快，造成的后果非常严重，极大地影响人民群众正常生活，影响国家工业以及公用事业的正常运转，进而造成国家社会混乱，甚至危及国家安全。

在现代社会，重大电力事故，特别是大面积停电事故，必然是一场深重的灾难，其损失、后果和造成的影响，都是难以估量的。随着我国西电东送、南北互供、全国联网的战略实施的不断深入，新的电力项目不断投产，各省和区域电网之间的联系日趋紧密。在网络结构薄弱和部分新投产机组运行不稳定的情况下，一旦出现大机组故障跳闸或网厂不协调等问题，容易引发大的电网事故，给国民经济带来巨大损失。

由于其基础性和公用性特点，电力工业对国民经济的影响巨大。电价的微小调整，就可能造成高耗电工业企业经济效益的巨幅震荡；突发的停电事故，可能给工业企业带来巨大的经济损失；甚至电压、电流的突变，也可能损毁高精密度仪器设备，造成经济损失。

因此，推进电力监管信息化建设，保障电力安全生产，有利于保证人民群众正常生活，有利于维护国家工业及公用事业的正常运转，有利于保证国民经济持续发展，有利于保障国家安全，维护社会安定团结，对于建设和谐社会具有重大意义。

（四）推动电力监管工作创新，构建创新型社会的需要

电力监管是一项无先例可循、创新性高的事业，为了做好电力监管工作，必须明确电力监管工作的理论和模式，在此基础上研究如何使用信息技术这一技术手段来解决在信息收集、决策分析等各个环节存在的问题。开展电力监管信息化建设，是推动电力监管工作创新、构建创新型社会的需要。

二、电力监管信息化建设的需求分析

在信息化时代，科技强电是全国电力工业现代化的必由之路，其首要任务就是实现电力监管工作的信息化，即通过大力推广应用现代电子信息技术，实现电力工作的信息共享、快速反应和高效运行。由于电力监管信息系统就是电力监管工作信息化的具体成果，所以为了更好地理解电力监管信息化的具体需求，首先就应该对电力监管业务的具体需求有一个透彻的、全方位的分析，在此基础上，具体分析电力监管信息化的功能需求和性能需求，从而为电力监管信息系统的建设工作奠定坚实的基础。

（一）电力监管业务需求

1. 电力监管业务的范围

电力监管信息系统的监管对象和电力监管业务类型主要由电力监管的工作性质决定。

为了实现对电力工业的有效监管，全国电力监管信息系统业务应该覆盖包括发电企业、输电企业、供电企业、电力交易调度中心以及电力交易市场等；为了向上级领导单位提供决策支持，全国电力监管信息系统应该与上级单位相联，同时，与其他相关单位实现安全互联；为了实现电力监管机构内部网络办公的需求，全国电力监管信息系统应该覆盖电监会本部和派出机构；另外，全国电力监管信息系统应能为广大的互联网用户提供公共服务。

2. 电力系统监管的对象

根据国务院对国家能源局基本职责的规定，全国电力监管信息系统的监管对象应该主要包括各类电力企业和区域电力交易市场。

《电力监管条例》规定，电力监管机构依照有关法律和国务院有关规定，颁发和管理电力业务许可证；电力监管机构具体负责电力安全监督管理工作。由于电力业务许可证和电力安全都涉及电力生产、传输、配送等各主要业务环节的相关主体，而《电力监管条例》规定了对供电企业的监管内容。因此，全国电力监管信息系统的监管对象包括发电企

业、输电企业以及供电企业等在内的各类电力企业。

同时，《电力监管条例》规定了电监会对电力市场的监管职责。所以，全国电力监管信息系统除了要对市场主体进行监管之外，还需要对各区域的电力交易中心实施有效监管。

3. 电力监管的业务类型

在对全国电力监管信息系统进行广泛需求调研的基础上，对系统所涉及的电力监管业务主要分为如下方面：

（1）电力监管类业务。电力监管类业务是全国电力监管信息系统的核心功能基础，主要包括安全运行监管业务、市场监管业务、财务监管业务、输电监管业务、发电监管业务、供电监管业务等，涵盖电力生产、传输和配送等主要业务环节。

（2）决策支持类业务。电力工业事关国家经济发展和社会稳定大计，党中央、国务院对电力工业高度重视，全国电力监管信息系统有必要向上级领导单位提供全面、及时、准确的决策支持。决策支持类业务主要涉及有效的数据获取与整合、先进的数据挖掘和数据分析等内容。

（3）内部办公类业务。内部办公类业务主要包括两部分，即国家能源局本部各业务部门之间、本部和各派出机构之间的办公业务。

（4）公共服务类业务。作为行使电力工业监管职权的政府机构，国家能源局有责任向电力企业、电力用户和社会公众提供公共信息服务，主要包括披露电力监管相关信息、网上行政审批业务以及投诉受理业务等。

（5）电力安全生产应急救援业务。根据《电力监管条例》的规定，国家能源局"具体负责电力安全监督管理工作"。能源局凭借先进的通信网络平台、完善的应急信息系统和有效的组织管理，充分整合、统一协调各区域电网调度机构和各省电力调度机构的现有技术力量和救援队伍，构建高效的全国电力安全生产应急救援指挥系统。

4. 电力监管业务的信息流

全国电力监管信息系统的建设将以知识管理与信息共享为核心，对系统中信息和数据资源进行全面、有机整合，为中央领导和社会公众提供全面的信息服务。

通过对电力监管数据的采集，来获取准确、及时、全面的电力生产管理信息，为基于其上的电力监管业务工作奠定坚实的基础；通过对各类电力监管业务信息的深度挖掘和综合分析为科学决策提供支持；通过全面的知识管理来优化资源配置，从而提高全国电力监管信息系统决策支持的全面性、准确性和及时性；通过对电力监管业务资源及相关公众信息的挖掘、处理和披露，为社会公众提供更好的电力监管信息服务。

其中，电力监管信息是电力监管信息系统的核心，电力监管信息系统的信息主要有三个来源：①来自电力监管对象的数据；②电力监管部门内部数据；③来自社会公众的反馈信息。电力监管信息主要来自被监管企业单位的生产管理信息系统。电力监管信息系统依据相关的电力监管信息指标规范来对被监管单位的资源数据进行采集，标准化后集中存储，为资源服务、决策支持、资源共享等提供基础信息。

电力监管信息系统通过对监管业务数据的整合、挖掘及分析，为国办等上级领导单位和能源局的领导提供决策支持。

电力监管信息系统通过可信发布、可信查询等方式为社会公众用户提供信息服务，通过许可证受理、投诉受理等为被监管企业单位提供业务服务。

电力监管机构可以通过电力监管信息系统，与其他相关单位进行安全的互联互通和资源共享。

（二）电力监管信息系统的功能需求

1. 数据信息化需求

随着信息技术的广泛应用，特别是我国国民经济发展和社会信息化进程的全面加快，信息化办公、信息化服务已经逐渐取代传统的工作方式，信息的基础性、全局性作用也日益增强。

开展电力监管工作的电力监管数据主要来源于各电网公司和发电企业，其具有分布广、信息量大、缺乏统一规范格式等特点，而且从目前的数据报送手段上来看，普遍存在着信息不客观、不准确、时效性不强的问题，这十分不利于电力监管工作的有效开展。因此，为了提高电力监管工作的高效性、准确性，必须首先对电力监管数据进行信息化，具体是通过电力监管信息系统的建设，依赖可信的电力监管专网，形成一个安全、高效、准确、及时的电力监管数据采集系统，从而使电力监管工作落在真实、可信、客观、准确、及时的监管信息之上。

2. 办公自动化需求

为了提高工作效率，提高信息系统内部业务处理的便捷性和实时性，需要实施办公自动化，但是电力监管委员会尚没有统一的、针对电力监管具体工作特点的办公自动化系统。

电力监管机构的办公自动化系统应以公文处理和机关事务管理（尤其以领导办公）为核心，同时提供信息服务等重要功能，因此，典型的办公自动化应用包括公文管理、督查管理、政务信息采集与发布、内部请示报告管理、档案管理、会议管理、领导活动管理等应用。另外，鉴于 Internet 在日常办公中占有日益重要的地位，办公自动化系统应该与 Internet 留有平滑的接口。

3. 监管部门协同需求

根据《电力监管条例》的相关条文，电力监管机构负责监管全国电力安全和电力市场运行情况，为了把电力监管工作落到实处，要求多部门的交互式协同对相关数据进行分析汇总、简报编印。此外，为了提高工作效率，提高信息系统内部业务处理的交互性和实时性，为电力事故应急指挥提供主要交流渠道，并为传统信息交互方式提供重要补充，在全国电力监管信息系统建设中，需要提供部门协同办公的支持，同时，为了保证电力监管机构协同、高效地工作、减少开会的差旅费，对网络会议提出了应用需求。

4. 公众服务系统需求

通过先进的互联网技术，向社会、企业和公众提供服务，建设高效、公开、勤政的公众服务系统是电力监管的有效手段之一，包括网上信息公开、网上许可审批、网上投诉受理等。

（1）信息公开业务的需求。人民群众拥有电力基本信息的知情权，需要了解电力行业各部门的组织机构、职能；需要了解各项相关的政策法规；需要了解电力行业的发展规划、办事流程；希望建立交互形式的信息反馈机制。同时，电力行业通过信息公开，接受公众的监督，树立良好的企业形象，也是自身发展需求。

因此，信息公开是电力监管的基本要求。其信息发布需要具有权威性，实时性、交互式。

（2）网上许可审批业务的需求。网上行政审批是指在互联网上实现传统的行政审批。

目前，电力业务许可证申请业务的受理、电力业务许可证业务的办理、电力业务许可证状态查询、电力业务许可证撤销、电力业务许可证的暂停与恢复等基本业务都是通过办事人员提供相应的资料，提交到各个相关部门进行审批，存在速度慢、周期长等问题，为此，需要将这些基本业务放到网上进行办理，简化办事流程，提高办事效率。

（3）投诉受理业务的需求。以往电力用户、电力企业和社会公众对电力行业的投诉受理渠道不畅通，时常发生有事无处说理的现象；这些现象不利于电力行业的健康成长。原来的信件投诉经常发生遗失、回复不及时、影响面较小的问题；电话投诉存在占线率高，电话不容易打通，热点问题被无数次重复提问的现象。需要建立交互式的系统，可以实时投诉，及时受理和回复。

5. 信息共享的需求

电力监管的核心依据是电力安全和电力市场运行数据以及相关法律和规章等。为了更加有效地开展电力监管工作，要求通过对各类信息资源进行全面、有机整合，将有用信息提取并进行共享。

（1）电力监管机构内部对于监管信息的共享需求。能源局和派出机构内部拥有大量的电力监管原始数据，这些数据目前大多是孤立存在的。

目前，电力监管内部信息制度还不健全，共享率低，普遍存在着信息无法被有效发掘利用的现象。此外，信息的安全性还不高，存在着一些关键信息一旦丢失，无法恢复的隐患；信息的所有权普遍存在着"信息属于部门所有"的问题；从海量的信息中查找到需要的信息时间漫长、查找过程复杂；信息利用率低下，等等。

因此，从工作出发，在内部的工作中迫切需要将工作中形成大量的数据、文档保存在系统中，使拥有使用信息权利的人都可以简单、方便、快捷地进行信息共享。

（2）决策分析部门对于监管信息的共享需求。电力监管信息是各电力企业的生产、管理的核心数据，通过电力监管决策分析系统，将会为国家决策部门提供更加有效、准确和及时的电力行业信息，做出有利于电力行业健康发展的决策。长远来讲，电力企业对信息共享的需求也表现在维持企业自身持续发展方面。

（3）监管对象对于监管信息的共享需求。作为电力监管对象的广大电力企业之间也存在着信息共享的迫切需求，这主要表现在以下几个方面：

一方面，电力行业是一个由生产、输送、供应及配送等环节构成的同步有机系统，为了安全完成电力生产任务，要求各类电力企业紧密协作，因此，作为电力监管对象的电力企业之间必须存在着强烈的信息共享需求。

另一方面，在电力市场环境中，为了达到公平竞争的目的，必须对电力市场参与企业的基本生产、经营信息进行公开，从而可以被其他相关企业共享。

（4）公众对于监管信息的共享需求。以往的电力行业的信息都封闭在自己的内部系统中，外界没有机会接触到，给电力行业蒙上了一层神秘的面纱，也无法接受社会各方的有效监督，成为影响电力行业发展的一个重要因素。

因此，需要对公众开放，提供信息服务，让公众了解电力行业相关信息，如电力公告，办事流程，电力价格，法律、规章等，推动这些重要信息资料的全社会共享，是社会发展和电力行业发展的必然。

6. 辅助决策的需求

针对每天产生大量的信息和数据，电力监管信息系统应该将原来杂乱无章的数据进行有序的整理、加工和挖掘，为科学决策提供有效的支持和帮助。

（1）有效的数据整合需求。数据在没有整合之前只是一个个孤立的数据，彼此之间没有任何内在联系，是毫无意义的数据。

将电力监管机构、监管对象不同时期、不同系统的数据有机地联系起来，如行政管理信息数据、电力营销数据、电力设备设施数据、生产运行数据、财务物资数据、生产实时数据等进行整合，实现信息的高度共享，彻底解决"信息孤岛"的问题。使其转换成可靠、可用的信息，以便辅助决策，是电力监管的核心需求之一。

（2）先进的数据挖掘需求。数据挖掘的分析对象可以分为两种类型：静态数据和数据流数据。数据的整合是实现电力监管机构职能的重要保证，而先进的数据挖掘将使数据的整合事半功倍。

过去电力的大量数据，因为没有进行很好的挖掘和整合，造成了极大的资源浪费。而需要这些数据做支持时又很不容易找到。

因此，需要利用先进计算机技术，提供计算机可以理解的语言进行数据挖掘、利用智能推理技术、利用具有自学习功能的技术进行数据挖掘。

（3）社会资源、自然资源和人力资源的管理需求。电力监管信息辅助决策系统基于全方位的电力监管信息整合和知识发掘之上，决策能否正确反映当前电力运行实际情况的前提条件之一是信息的全面性。因此，需要参考社会的资源、自然资源、人力资源等全方位的信息，为电力行业及电力监管工作提供全面的决策支持提供保障。

7. 数据中心的需求

综合以上需求分析，需要对全国电力监管信息系统涉及的大量数据进行存储和管理，必须建设电力监管数据中心。

数据中心主要通过建立两大类数据库来实现：即电力安全运行信息库和电力市场运行信息库。两大基础海量数据库面向电力行业、面向监管、面向社会公众。

电力监管机构监管信息系统由本部和其他派出机构组成，其管理信息系统是一个典型的分布式系统，不仅业务处理是分布式的，而且数据来源也是分布式的，涉及大量的数据采集和数据传输业务。其中，包括监管数据的采集，电力监管机构业务部门与派出机构之间的数据传输以及电力监管机构与上级领导单位之间的数据传输等。

在数据采集和传输时，要求在统一数据规范的前提下，保证数据采集可信性、保证数据传输的机密性和完整性等。

因此，数据中心应该具有海量存储的功能，能充分保证数据存储的安全性，提供对数据的容灾备份，并且能对存储数据进行集中管理，同时，能够对上层应用提供智能支撑服务。

8. 信息安全的需求

（1）机密性需求。电力监管信息系统中的信息直接和国家、电力行业的机密相关。

传统的纸面信息通过邮寄封装的信件并由专人递送，来达到保守机密的目的。电力监管信息系统是建立在一个网络环境上的，维护电力监管信息的机密性是电力监管信息系统全面推广应用的重要保障。因此，要预防非法的信息存取和信息在传输过程中被非法窃取。

（2）完整性需求。电力监管信息系统的完整性需求主要体现在这些方面：防止未授权修改存储的和传输的电力监管信息；检测和通知未授权数据修改，并将所有数据更改记入日志；对存储的和传输中的信息进行的修改，包括变动、插入、删除、复制等。另一种潜在的修改可能在数据进入传输信道时发生，包括序列号改变和重放。

（3）可信身份认证需求。要实现电力监管信息化，必须解决在网络环境下对实体身份的唯一性、真实性的认证问题。

运用可信身份认证技术，可以很好地在网络环境下解决"谁是谁"的问题，保证各项监管业务的正常开展。

（4）可信授权需求。全国电力监管信息系统包含多个业务系统，各业务系统的用户包括被监管对象和监管业务人员，同时业务系统涉及大量敏感性数据。因此，明确用户在系统内部的权限范围，实现用户在系统内部操作的有效授权，是保障监管信息系统稳定运行的基础。

（5）责任不可抵赖需求。运用信息化技术实现电力监管，必须保证监管过程的有效性和合法性，全国电力监管信息系统必须能够提供执行监管权力相关依据；而监管依据来自对被监管对象的各项行为的记录和审计。同时，对于电力监管机构内部监管业务人员的业务操作，系统也必须进行行为记录和审计，从而对全国电力监管信息系统内部发生的行为实现责任认定。

全国电力监管信息系统中的责任认定技术，主要内容包括划分责任认定的范围、对责任认定范围内各项行为和操作进行记录、对已记录的信息进行集中管理和存储、对存储信息进行统计和审计、对审计结果进行通报等。

9. 系统维护的需求

（1）资源统一管理的需求。全国电力监管信息系统内部涉及大量可以调用的资源，主要包括数据资源、设备资源、网络资源及服务资源等。为了优化资源配置，提高系统运行效率，确保系统协同一致地运转，全国电力监管信息系统有必要对系统资源进行统一管理。

全国电力监管信息系统对资源统一管理的需求主要体现在：统一监管数据采集、传输的格式、统一解决监管数据采集和传输过程中的安全性问题、统一解决核心数据的访问和调用的权限问题、统一对系统关键设备状态进行监控管理、统一对网络资源进行分配和管理等。

（2）系统的开放性需求。系统在硬件设备上采用统一、标准（或事实工业标准）的同时，应用系统应当建立在通用的开放平台之上，从而保证应用系统与硬件设备松散耦合，提高系统的可维护性和维护成本。

（3）系统的扩展性需求。电力监管信息系统应该具有可扩展性，其主要体现在功能扩展性和性能扩展性两个方面。对于软件系统而言，功能扩展要求软件系统具有良好的体系结构和规范的应用接口定义（API）；对于硬件系统而言，要求具有模块化的体系结构设计，可以方便地进行功能模块扩展；性能扩展需求则要求软件系统具有随业务量的增长而性能可以平滑提升的能力，要求硬件系统具有足够的扩展余地和方便的模块更换升级能力。

10. 容灾备份的需求

系统在运行过程中不可避免地会出现因各种原因（如磁盘坏损、人为错误等）造成数据的丢失和损坏，没有可靠有效的备份手段，将造成系统和数据的不可恢复。同时，电力监管数据中心集中和整合各电监局、电监办数据，系统的集中化改造符合信息中心业务发展的需要，也符合 IT 应用的发展趋势。通过集中化改造工程的实施，可以提升应用服务性能，降低维护成本，提高存储设备的使用效率并利于数据的安全保护。在系统的集中化完成后，信息中心将具有很大的数据规模，如此大的数据系统规模，对信息中心是一个沉重的负担。一旦该中心出现灾难性事件，如火灾或人为因素等导致系统瘫痪等，由于缺乏容灾手段，将造成不可挽回的损失。因此，从提高可靠性、安全性考虑，应该考虑在异地建设另一个容灾中心，当生产中心发生灾难长时间不能运转时，如果设置有数据级的容灾中心，可起到保证数据不丢失或少丢失的作用。因此，电力监管信息系统对于安全可靠的容灾备份体系具有强烈的需求。

（三）电力监管信息系统的性能需求

电力监管信息系统性能主要由信息处理的性能、电力监管专网的性能、应用系统的性能、业务支撑平台的性能、安全支撑平台的性能和管理支撑平台的性能等内容构成。

1. 信息处理性能需求

电力监管信息系统的核心是依据各项电力监管业务需求，对电力监管信息进行高效的系统性处理，所以电力监管信息系统的性能需求首先体现在信息处理的性能方面。

（1）电力监管数据的获取能力。为了更好地支撑电力监管业务工作，电力监管数据获取的能力应达到以下要求：

第一，实时准确地获取电力监管数据的能力。

第二，用户在线、离线状态都可获取监管数据的能力。

第三，根据用户需要，主动获取数据的能力。

第四，支持各种上报形式的数据获取。

（2）电力监管数据的分析能力。电力监管获取数据的目的是进行及时、准确的分析处理。电力监管数据信息量大，可依据数据量多，对监管数据的整合、根据历史数据的分析预测、建立科学的数据分析模型等方面的性能是其分析能力的直接体现。电力监管数据分析应具备以下能力：

第一，能够分析大量的市场运行信息并支持对电力市场主体进行多维的特征分析。

第二，能够进行融合了语义网技术的数据挖掘和智能的推理分析。

第三，多渠道数据信息的整合能力，目的在于整合各种相互关联的原始数据，能够进行关联性的查询。

（3）电力监管信息处理的能力。根据有效开展电力监管工作的需要和电力监管机构的实际情况，要求电力监管信息处理能力基准如下：

第一，至少需要 800 人同时在线的并行处理能力。

第二，可同时接受至少 300 家市场主体申报数据处理的能力，处理响应时间 $\leqslant 15s$。

第三，各个业务系统间进行交互的输入接口和输出接口满足数据的精确性、安全性、唯一性、实时性。

2. 网络基础设施性能需求

网络基础设施的建设目标是为全国电力监管信息系统建设结构合理、功能完善、管理规范、安全可靠、灵活实用的网络基础支撑体系。具体可以从网络覆盖范围、可管理性、网络传输性能等方面来考虑电力监管专网的性能需求。

（1）网络覆盖范围。根据对全国电力监管信息系统业务类型的划分，网络基础设施覆盖范围应该主要满足如下需求：

第一，面向监管业务。为了满足实现上述各级监管业务的需求，全国电力监管信息系统网络基础设施必须覆盖到各被监管对象。

第二，面向决策支持。电力工业是国家重要的基础产业，党中央、国务院对电力工业形势和发展趋势非常关心。为了能为上级领导单位和相关单位提供全面、准确、及时的决策支持，全国电力监管信息系统网络基础设施应该与国务院办公厅电子政务内网实现安全互联。

第三，面向内部办公。为了给电力监管机构内部各业务部门、事业单位和各派出机构提供一个统一的数字化办公环境，全国电力监管信息系统网络基础设施应该覆盖电力监管机构各业务部门、事业单位、6 个区域监管局和 11 个监管专员办。

第四，面向电力安全生产应急救援。为了及时响应电力生产安全事故并进行有效的应急救援，就必须将国家安全生产应急指挥中心、国家电力安全生产应急指挥中心、各电力集团公司应急机构、各级电力安全生产应急指挥中心、电力事故现场和专家以多种方式安全、可靠、有机地联系起来，以实现即时信息传输，方便信息共享，为各有关部门、企业及公众提供多种联网方式和服务；实现国家电力安全生产应急救援指挥中心和国家安全生产应急救援指挥中心、各级电力安全生产应急救援指挥中心、各电力企业集团应急机构以及电力事故现场之间的数据（包括文字、声音和图像资料等）实时交换功能；实现不同级别用户进行数据交换的分级管理，以保证数据的安全性。

第五，面向公共服务。公共服务主要包括信息披露、投诉受理等业务，社会公众必须通过互联网才能使用上述业务。

（2）网络可管理性需求。电力监管专网网络的建设涉及电力监管机构及其各派出机构，以及各个电力企业等主体，涉及范围广，而且各个区域网络基础建设情况存在不同差异。如果按照各区域目前基础状况进行网络建设，没有一个统一的规划管理，势必会产生各自为政、参差不齐的杂乱局面，这样是不利于电力监管专网将来有深度、有广度的扩展，不利于整个网络的互联互通。因此，对网络建设的统一规划管理是十分必要的。通过对域名、IP 地址、网络设备、网络安全策略等的统一规划管理，实现整个电力监管专网网络的上下一致、协调统一的整个网络的互联互通。

（3）网络性能需求。对全国电力监管信息系统网络基础设施的性能的需求主要如下：

第一，网络覆盖面广，连接各个监管机构及监管对象，满足全国电力监管信息系统各类业务开展的要求。

第二，安全性能高，有效地满足电力监管业务信息和数据安全传输的要求。

第三，传输性能高，主要体现在网络带宽能充分满足电力监管机构内部办公业务对多媒体服务的要求；核心交换具有千兆带宽；骨干传输采用专线方式。

第四，扩展性能好，不仅能满足当前业务开展的要求，还能在必要的时候进行扩展，满足将来更多业务的需求。

3. 应用系统性能

电力监管信息系统的应用系统应该符合电力监管业务规范，满足电力监管业务需要，实用性强，运行稳定、可靠、人机界面友好，操作方面图表生成灵活美观，检索、查询简单快捷。

系统数据应该完整、准确和及时，汇总统计、制表制图、分析和模型测算等功能比较齐全，保证信息处理结果准确可靠。

系统的平均年故障时间，控制在 8 小时内。即系统可用性达到 99%，系统操作平均响应时间不超过 5 秒。

4. 安全支撑平台性能

（1）对基本安全防护的需求。监管信息系统应该满足网络的基本安全需求，在网络层通过各种网关、防火墙，以及入侵检测、防病毒、漏洞扫描、防篡改等基本安全防护系统来保障网络安全。基本安全防护系统通过制定一整套严密的安全管理策略、有机集成多种安全防范手段，使全国电力监管信息系统在一个统一的安全策略的指导下，最大限度地保障整个系统的安全。

（2）安全支撑体系方面的需求。安全支撑体系以 PKI、PMI 技术为核心，在网络基本安全防护的基础上，通过提供密码服务、身份认证服务、有效授权服务和责任认定服务，解决全国电力监管信息系统内数据的机密性和完整性、用户身份认证、访问控制和有效授权以及行为的不可抵赖性等问题，为系统提供全网统一的安全保障服务。

（3）对物理支撑环境的安全需求。物理支撑环境应该确保所有设备正常、可靠、安全、不间断运行；具备监控所有设备的工作状态的能力；具备快速反应、及时处理突发事件的能力。

物理支撑环境的设计要为机房的安全可靠以及将来的扩容做出预留；设备具备技术先进、可靠、可维护、可扩展性强的特点；应该在设备安装前完成物理环境的安装调试。

机房要考虑选址、结构防火、装修、空间、空调设计、照明设计、火灾报警、消防，以及门禁系统等各方面需求，符合各种国际及国家标准，力求达到结构、功能最优化。

5. 业务支撑平台性能

业务支撑体系以 NGS 为技术路线，通过建设呼叫控制服务系统、业务控制服务系统和媒体控制服务系统等，实现呼叫控制与业务控制相分离、业务控制与媒体控制相分离、媒体控制与媒体功能相分离、媒体功能与媒体内容相分离，为全国电力监管信息系统提供语音、视频、数据等多媒体业务服务等。

6. 管理支撑平台性能

为了实现全国电力监管信息系统的全程全网全业务管理，并对用户、资源和业务提供综合管理服务。

管理支撑体系应通过建设资源管理系统、用户管理系统和业务管理系统，实现对全国电力监管信息系统资源、用户和业务的统一管理，解决原有"业务+网络"模型"两无三不"的弊端，保证全国电力监管信息系统协同一致、安全高效地运行。

第二节　电力监管信息系统的构建

一、电力监管信息系统的总体目标

以电力监管业务为核心，电力监管信息获取和处理为基础，信息安全为保障，构建功能完善、结构合理、技术先进、管理规范、安全可靠、灵活实用的，覆盖全国，涉及发电、输电、供电各个重要环节的，为国家电力监管机构提供决策支持和业务功能支撑，为电力企业和社会公众提供监管信息服务的电力监管信息系统。

二、电力监管信息系统的基本原则

电力监管信息系统建设工作贯彻"统一领导，统一规划，统一组织，统一标准"的指导方针，遵循以下基本原则：

（一）统一领导，统一规划

为确保电力监管信息系统高效、有序运转，避免各自为政、重复建设，应当坚持"统一领导，统一规划"的原则，统筹考虑电力监管业务需求和工作开展的实际情况，制订总体规划。各部门、各单位应当在电监会的统一领导下，按照总体规划的要求统一组织建设。

（二）统一标准，统一规范

加强技术标准和业务规范的制定和推广工作。电力监管信息系统必须按照统一的技术标准和业务规范进行建设，避免信息指标体系不一致、数据格式不兼容、技术标准不统一。

（三）联合共建，互联互通

按照《电力监管条例》要求，各电力企业、电力调度交易机构应当按照国务院电力监管机构的规定将与电力监管相关的信息系统接入电力监管信息系统。要坚持联合共建的原则，充分发挥电力企业的积极性，充分利用现有的资源，实现电力监管机构和电力企业之间的互联互通，促进资源共享。

（四）安全可靠，技术先进

电力监管信息系统安全重于泰山。为确保信息安全，要正确认识和妥善处理信息系统建设和信息安全的关系，建立健全电力监管信息安全保障体系。同时，要积极应用自主知识产权的先进技术和产品，学习借鉴国内外相关行业的先进经验，广泛推进技术创新。

三、电力监管信息系统的技术路线

（一）下一代网络（NGN）技术路线

下一代网络技术，是指以业务驱动为特征的网络，让电信、电视和数据业务灵活地构建在一个统一的开放平台上，构成可以提供现有三种网络上的语音、数据、视频和各种业务的网络解决方案，使得业务和应用的提供有较大的灵活性，从而满足用户不断发展更新的业务需求。

下一代网络技术将呼叫控制与业务控制相分离、呼叫控制与承载相分离，支持移动、宽带、端到端的多媒体通信服务。

（二）下一代服务（NGS）技术路线

下一代服务，是指一种基于IP的多样性和个性化的数据服务，支持通用移动性和开放性；能跨越各种网络和终端，提供个性化、专业化和高附加值的服务。

下一代服务技术主要包括多媒体网络办公和会议支撑技术等，为业务应用提供移动、宽带、多媒体服务，提高业务应用的灵活性。

（三）统一的信任服务体系技术路线

根据《国家信息化领导小组关于加强信息安全保障工作的意见》（中办发〔2003〕27号）文件精神，应该在电力监管信息系统建设中构造一个以密码技术为基础，以身份认证、授权管理、责任认定服务等为主要内容的网络信任体系。

系统的规划与建设将采取统一的信任服务体系技术路线，主要包括统一的密码技术、密码设备、密码配置及管理策略，统一的身份认证，统一的授权策略，统一的签名与验证策略，统一的审计策略等。

系统将通过对统一的身份强认证，从技术上解决全网身份认证、信息完整性和抗抵赖等安全问题，为网络应用提供可靠的安全保障；通过集中式授权服务模式统一管理在电力监管业务系统上运行的主要应用与资源，对用户使用业务系统的行为进行统一监管；同时，采取统一的责任认定技术，实现对电力监管信息系统统一的监管责任认定。

（四）统一的运行管理技术路线

针对电力监管信息系统覆盖范围广、业务系统多、系统用户多、内部资源丰富的特点，在本次系统总体规划中，拟采用统一的运行管理技术路线，解决原有"业务+网络"模型"两无三不"的弊端，保证系统和关键设备协同一致、安全高效地运行。

系统规划采用统一的运行管理技术路线主要体现在：对全国电力监管信息系统的业务系统分类管理、统一分配业务系统资源、统一监控业务系统运行状态、统一受理业务请求、统一业务开发的标准规范等方面。

四、电力监管信息系统的体系结构

（一）系统总体结构

整个电力监管信息系统都构建在一个完整的标准规范体系之上，以期最大限度地明确业务流程和各个子系统之间的接口，规范系统开发过程，降低开发风险。

电力监管信息系统的网络基础设施由电力监管网络基础设施来提供，电力监管网络基础设施和电子政务专网之间物理隔离，和因特网之间逻辑隔离，以确保电力监管网络基础设施的安全性。

电力监管信息系统的业务支撑平台具体由电力监管数据采集系统、电力监管数据中心、电力监管呼叫中心、下一代网络服务体系（NGS）和电力监管统一门户构成。

电力监管应用系统位于电力监管支持平台之上，是电力监管信息系统的核心。

而安全支撑平台和管理支撑平台则负责为电力监管信息系统提供全方位的安全服务和资源管理服务。

（二）系统层次结构

从信息处理的角度可以把电力监管信息系统分为三个层次：数据采集层，信息共享层，决策支持及电力监管业务层。

第一层是电力监管数据采集层，电力监管信息系统的主要数据来自于各被监管企业的生产、管理信息系统，具体就是通过电力监管数据采集器，按照电力监管信息采集规范的规定，把与电力监管工作相关的数据，经过整理、数据格式转换后，安全地传送到电力监管数据中心。

第二层为信息共享层，其主要由电力监管数据中心、统一监管门户、业务支撑体系、安全支撑体系和管理支撑体系构成，其中，电力监管数据中心是核心。本层除了为上层决策分析类应用和电力监管类应用提供数据共享支持外，还为它们提供业务、安全和管理等方面的支持，这里电力监管统一门户提供了电力监管信息系统和公众进行业务信息交换的安全可信的唯一出口。

第三层是决策支持及电力监管业务层，本层由两类性质不同的应用构成及决策支持类应用和电力监管类应用。决策支持类应用是在统一的电力监管数据仓库的基础上，利用各种有效的数据挖掘、统计分析等手段向国务院等上级领导单位提供决策支持；电力监管类应用则是依赖于第二层所提供的各种所需数据，对电力行业的企业行为进行有效的监管。

（三）信息流结构

各区域电力监管机构根据电力监管信息采集规范所规定的指标体系，利用电力监管信息采集系统从电力企业的生产、管理系统数据库中抽取进行电力监管工作所必需的数据，经过整理、格式转换后，安全地送入电力监管数据中心。

决策分析类应用则主要以综合方式来使用数据中心各数据库中的数据，为了提高数据分析效率和准确度，以及提高决策分析的效用，在电力监管数据中心数据库群的基础上构建电力监管信息仓库，然后据此进行决策分析活动。

电力监管应用系统一方面直接利用电力监管数据中心中的数据，另一方面它也产生一些电力监管信息并且写回电力监管数据中心，以便可以为其他系统应用和电力监管统一门户所利用。

电力监管统一门户则是电力监管机构对外发布电力监管信息，并且接受反馈信息的唯一途径。作为电力监管工作的一个必不可少的工作内容，为了保持信息的及时性，把所收集的信息为其他电力监管业务所用，就必须要求其和电力监管数据中心直接交流数据。

（四）系统部署方案

电力监管信息系统是一个功能完善但结构明晰的大型复杂系统。从网络联结的角度来看，电力监管信息系统可以被自然地划分为四个功能域，分别是电力监管域、电力企业域、政务专网域和因特网域等，每个域之间根据电力监管工作的需求，设置了不同强度和形式的网络安全联结措施。

各个被监管单位通过电力监管接入网与所属区域的电力监管机构区域网相连，各个区域电力监管机构通过电力监管网络基础设施与本部区域网相连，本部则通过电子政务专网与国办及其他部委相连。通过在各地部署分布式的电力监管应用支撑平台，分别对本部、电力监管派出机构的应用系统提供信任、授权和业务支撑。

因特网域用户的可信接入则是通过电力监管信息系统的电力监管门户统一系统来完成的。电力监管统一门户除了使用统一安全 Web 门户和可信邮件系统提供信息发布、信息查询、许可证受理。

投诉受理等面向公众的服务外，还负责从因特网、电力企业信息网等其他网络到电力监管内网的各种形式的安全网络和可信呼叫接入。电力监管信息系统的互联网统一服务界面，通过电力监管应用支撑平台的支撑，实现电力监管公共服务统一的互联网受理。作为电力监管信息系统的唯一门户，要求电力监管委员会本部和各个区域监管局都通过该门户对外发布信息和提供服务。

五、电力监管信息系统的建设内容

根据电力监管信息系统总体规划结构，系统主要建设内容规划可以概括为"一个基础设施、三个支撑平台、五类业务应用和一个标准体系"，涵盖网络基础设施、电力监管应用支撑平台、应用系统和标准规范体系等四个方面。

（一）网络基础设施

网络基础设施指采用各种先进的安全组网技术，由国产网络和安全设备构成，满足电力监管业务需求，联结所有电力监管业务相关单位的可信、可控、可管理的电力监管网络基础设施，主要由电力监管机构区域网、电力监管广域网和电力监管接入网三部分组成。

电力监管机构区域网指电监会各部门、直属事业单位、派出机构和其他相关单位的内部区域网络；电力监管广域网是指联结各个电力监管机构区域网的广域互联网络；电力监管接入网指专用于各电力企业、电力调度交易机构按照相关规定接入所属电力监管机构的接入网络。

（二）应用支撑平台

电力监管应用支撑平台主要由业务支撑平台、安全支撑平台和管理支撑平台组成。电力监管信息系统对安全保障的功能需求主要由安全支撑平台来满足；业务支撑平台用以实现电力监管相关资源的采集、整合、交换和共享，为电力监管信息系统的所有应用提供共性业务支撑服务；管理支撑平台建设目的在于实现全网统一的用户管理和资源管理。

（三）应用系统

电力监管应用系统主要分为电力监管、决策支持、内部办公、公共服务和电力安全生产应急救援指挥系统五部分。

电力监管应用系统，主要包括电力市场监管和电力安全生产监管等方面的内容；决策支持应用系统，主要是指电力监管决策支持系统；内部办公应用系统，则以办公自动化为主，同时，包括机构联席会议等应用；电力监管信息公开、电力企业资质管理、投诉受理功能，则是公共服务应用系统的主要内容；电力安全生产应急救援指挥系统，是一个分为国家、区域、省三级，由通信子系统、网络子系统、视频图像子系统、应急信息子系统和安全保密子系统所构成的快速反应应急救援指挥体系。

（四）标准规范体系

电力监管标准规范体系主要由技术标准和业务规范两部分组成。

技术标准，主要包括总体标准、专业技术标准和信息化管理标准三方面内容，其是实现电力监管信息系统互联互通、信息共享、业务协同、安全可靠运行的前提和基础。

业务规范，指与具体电力监管业务相关的规范，主要包括电力监管工作职能、业务流程、数据接口等方面的内容。

六、电力监管信息系统建设的模式

从系统科学的角度来看，电力监管信息系统属于典型的规模庞大、结构复杂、功能综合、因素众多的信息大系统。因此，可以根据大系统控制论的结构分析方法，对电力监管信息系统的建设工作进行总体方案设计和比选。

在大系统理论中，根据各种不同领域（工程技术、社会经济、生物生态等）的大系统结构特性，归纳出三种基本的控制结构方案，分别是"集中控制"结构方案、"分散控制"结构方案和"递阶控制"结构方案。基于这三种大系统控制结构方案，相应地提出了"集中建设"方案、"分散建设"方案和"分层构建适度冗余"方案三种总体建设方案，进行比选。

（一）集中建设方案

电力监管信息系统的集中建设方案，是指各个电力监管部门的监管信息资源全部集中部署在一个数据服务中心，由数据服务中心进行统一的组织、管理和维护。集中建设方案在系统原理上对应于大系统控制论中的集中控制结构方案。

1. 集中建设方案的结构特征

（1）管理和控制集中。由数据服务中心对源自电力监管信息系统中各部门的信息进行统一的组织、管理和维护，集中制定和建设统一的信息资源目录、元数据库，以及信息资源开发标准等规范，集中整合和集成各单位的业务系统数据，建立和维护集中统一的共享数据库，实行集中管理，统一决策。

（2）观测集中。电力监管信息系统中各部门子系统的相关运行状态信息（共享信息），都集中传送到数据中心，进行统一的信息处理和集中观测。用户只需"一站式"访问数据中心就可以获取所需共享信息。

（3）纵向信息流。具有在数据服务主中心与各部门之间进行交互的纵向信息流。包括上行的状态观测信息流（即源自各部门的信息数据）和下达的控制指令信息流（发送给各部门的信息操作指令）。

（4）经典信息模式。所谓"经典信息模式"是指集中控制与观测的信息模式，集中控制器对大系统的全局状态，在结构上是可控制、可观测的。即数据中心对各部门所提供的信息能够进行统一控制和集中观测。

（5）辐射式拓扑结构。数据中心的共享数据库与各部门之间的控制和观测信息通道形成辐射式的拓扑结构。

2. 系统技术经济性能分析

（1）控制有效性。由于控制集中、观测集中，所以功能集中、权力集中，数据中心（控制中心）能够对电力监管信息大系统的全局运行状态，进行统一、集中的观测和控制。不存在分散的多个部门之间难以协调的问题，大系统的控制有效性较高。

（2）运行可靠性。由于控制集中、观测集中，而且设备可靠性高，所以整个系统运行的结构可靠性较高。

（3）设计简易性。由于属于经典信息模式，结构上可控制、可观测，所以集中建设系统的设计可直接方便地借鉴大系统分析和设计的方法。

（4）技术实现性。现有的用以支持大系统的各种关键技术比较成熟，在银行、民航等行业已得到了多年广泛应用，技术实现性和可靠性较高。

（5）建设经济性。虽然数据中心需要大型、高速计算设施和存储设备，一个数据中心的投资较高，但是和分布式方案的总体投资相比，投资基本上差不多。此外，如果考虑数据中心的可靠性和由于集中式管理所带来的低管理成本，显然集中建设方案的总拥有成本是比较低的。

（6）维护方便性。通常，大型、高速的计算、存储和通信设施的可靠性较高，设备相对集中，所以维护工作量较小，维护费用较低。

3. 集中建设方案的适用性

（1）系统应用的中心控制特性对于系统建设方式的要求。

（2）系统的可靠性要求较高。

（3）地理上分散的各部门之间数据共享要求强烈。

（二）分散建设方案

电力监管信息系统的分散建设方案是指，不统一设立集中式的数据服务主中心，电力监管各部门的信息资源分散部署在各自部门，并自行组织、管理和维护，分散部署的各部门信息资源可以相互交互。分散建设方案在系统原理上对应于大系统控制论中的分散控制结构方案。

1. 分散建设方案的结构特征

（1）管理和控制分散。将电力监管信息系统的整体管理和控制分解为对分散的部门应用数据库的管理和控制，每个部门应用数据库就是其所属部门的应用数据库。

（2）观测分散。通过多个部门的应用数据库实现对整个系统的分散观测，每个部门应用数据库只能对相应的部门应用数据进行局部观测，接收局部观测信息。用户欲从多个部门获取信息，只能依次对该部门进行单独的访问和观测。

（3）横向信息流。如果要实现各部门之间的协调，需要进行相互间的通信，从而在各部门应用数据库之间形成横向信息流。相应地，如果各部门之间无须协调，则在各个部门应用数据库之间就不存在横向信息流。前者则为"部分分散"，即有横向信息流，部分相互通信；后者称之为"完全分散"，即无横向信息流，不相互通信。

（4）非经典信息模式。具有分散的控制与信息观测模式，各部门应用数据库对整个大系统的全局信息状态，在结构上是不可控制、不可观测的。

（5）回路式拓扑结构。各个分散的部门共享数据库之间相互通信（部分分散情况），因此，其横向信息通道形成回路式拓扑结构。

2. 系统技术经济性能分析

（1）控制有效性。由于控制分散、观测分散，所以功能分散、权力分散。如果多个分散的部门应用数据库之间需要进行共享，只有依靠相互通信才能进行协调，这就无可避免地存在通信延时、干扰等问题，导致难以进行全面的、及时的协调，因而整个电力监管信息系统全局控制的有效性较低。然而，由于每个部门应用数据库的任务相对简化，可以就近设置及时获取观测信息、制定控制策略、发出操作指令，对于部门而言，控制有效性较高，灵活性好。

（2）运行可靠性。由于控制分散、观测分散，因此故障分散、风险分散。若部门应用数据库发生局部故障，虽然不会导致整个电力监管信息大系统的全局瘫痪，但从整个系统看来，发生局部故障的概率较之集中式高，因此，大系统运行的整体可靠性较低。

（3）设计简易性。由于属于非经典信息模式，存在结构上控制、观测困难，部门应用数据库对整个电力监管大系统的全局状态是很难控制和观测的。因此，原则上不能直接应用基于经典信息模式的控制方法进行分散控制系统设计。

（4）技术实现性。分散的部门应用数据库虽然可以使用相对小型、低速的计算设施和存储设备来构建，但是总的整个系统的建造费用也比较高，而且为了实现各个分散的部门业务数据库之间的协调，需要相互之间进行远距离的数据传输和通信。为了达到可接受的系统协调性能，技术实现上要求就会相当高。

（5）建设经济性。从单个点上来讲，虽然小型、低速的计算设施和存储设备的投资相对较少，对机房等条件的要求较低，且局部控制和观测信息的传输交换设备较简单，建设经济性较好。但是，从整个电力监管系统来讲，多个点的建设费用总和也比较高，而且，为了进行协调，需要相互间的传输和通信设施，这将增加总设备费用。

（6）维护方便性。对于部门应用数据库的计算设施、存储设备，以及信息的传输交换设备而言，由于设备可靠性相对较低，而且数量众多、地理上分散，所以维护费用很高。

3. 分散建设方案的适用性

（1）系统的业务应用特性要求采用分散建设方案。

（2）信息系统自治性强。

（3）地理上分散的各部门之间数据共享要求不高。

（三）分层构建适度冗余建设方案

电力监管信息系统分层构建适度冗余方案是指各部门按照统一的标准规范，建设本应用系统数据库，并且根据具体情况，适时将应用数据库中的数据集中到数据中心、进行统一的集中式管理。分层构建适度冗余方案在系统原理上对应于大系统控制论中的递阶控制结构方案。

1. 分层建设适度冗余建设方案的结构特征

（1）管理和控制递阶。采取"上级—下级"的分级递阶式控制结构。其中，作为上级的集中式电力监管数据中心对分散的各部门应用数据库进行协调控制，从而达到间接地对整个电力监管信息大系统进行集中式全局控制的目的，也就实现"集中—分散"相结合的大系统递阶控制。

（2）观测递阶。采取"上级—下级"的分级式递阶观测结构。其中，下级各分散的部门应用数据库只能分别为相应部门的应用系统进行局部观测；上级集中式共享数据库对各分散的部门业务数据库进行协调观测，间接地对整个电力监管信息大系统进行集中式全局观测，从而实现"集中—分散"相结合的大系统递阶观测。

（3）递阶信息流。在"集中式共享数据库—分散的部门应用数据库—部门应用系统"之间，递阶式传递纵向信息流。其中，在"集中式共享数据库—分散的部门应用数据库"之间，为上级的协调控制与协调观测信息；在"分散的部门应用数据库—部门应用系统"之间，为下级的各部门子系统的控制与观测信息流。

（4）准经典信息模式。它是递阶的控制与观测的信息模式。集中式共享数据库（协调器）通过各部门应用数据库（局部控制器），在结构上可以对整个电力监管信息大系统进行间接的控制和观测，故称之为"准经典信息模式"。

（5）宝塔式拓扑结构。上级的集中式共享数据库与下级部门应用数据库、部门的应用系统之间的信息通道，形成宝塔式的树形拓扑结构。

2. 系统技术经济性能分析

（1）控制有效性。分层构建适度冗余建设方案是将集中建设方案与分散建设方案相结合，既有分散的、直接的、及时的局部控制，又有集中的、间接的、全局的协调控制，兼有集中建设与分散建设的优点。因此，对电力监管信息大系统的全局协调及各部门的局部管理和控制的有效性高。

（2）运行可靠性。由于控制递阶、观测递阶，因此故障分离、风险分散。由于数据中心容纳了各个部门的所有应用，因此如果下级的部门共享数据库发生故障，只须从数据中心中复制相应部分的数据即可恢复；同时，如果当数据中心发生故障时，一方面，各个部门数据库所支撑的电力监管数据系统还可以继续运行，另一方面，也可使用分布在各个部门应用库中的数据来重新构建数据中心。综上所述，分层构建适度冗余的建设方案具有极高的运行可靠性，这对于电力这个国家关键基础行业来讲，无疑是十分需要的。

（3）设计简易性。由于逻辑集中适度分布系统具有"准经典信息模式"，在结构上是可控制、可观测的，所以，可以运用"分解—协调""分解—集结""分解—联合"等方法，进行分层构建适度冗余系统的分析和设计。

（4）技术实现性。除了数据复制技术之外，其技术实现性等同于集中建设方案和分散建设方案。而数据复制技术已是一项应用多年的、十分成熟的技术。

（5）建设经济性。虽然分层适度冗余建设方案的开销比较高，但其是必要的：①电力监管信息的极端重要性决定了必须采取强有力的手段来保证它们的安全，所以对电力监管数据进行适度冗余存储是必要的；②从提高电力监管工作效率的角度来讲，需要分散构建区域电力监管应用数据库，由于各个电力监管派出机构分布在全国各地来分别对其所属区域的各类电力企业进行监管，而电力企业数目多、监管所需信息量大，所以为了提高业务系统的运行效率，有必要在本地建立应用数据库；③由于部分电力监管应用，特别是决策分析类应用，需要全局电力监管数据，需要有一个全局性的数据中心来支持，所以建立电力监管数据中心，从业务上来讲也是十分必要的。

（6）维护方便性。各个派出机构的业务范围和业务性质都基本相同，只是所辖区域不同，因此，它们开展工作所需的电力监管信息系统也是相同的，这就可以标准化建设过程，具体就是采用相同型号或系列的计算机、网络和存储设备以及软件系统，并且规范系统部署和运行维护工作流程，从而可以大大提高运行维护的便利性。

第三节　基于 Web 服务的电力信息化监管系统构建

"随着我国信息化水平的快速提高，在很大程度上促进了我国电力市场的建设水平。"[①] 电力系统进行市场化改革是 20 世纪 90 年代以来世界电力工业最重大的变革。作为电力市场建设的重要组成部分，我国的电力监管体系建设存在诸多问题，最突出的问题体现在电力监管机构作为监管部门缺乏独立性。电力监管机构要切实实施其监管职能，迫切要求在市场环境下加大电力监管力度和完善监管体系建设。

目前，我国电力工业的各发电和供电企业处于各自监管的现状，电力监管机构无法直接有效地获取电力生产的信息。就时下而言，电力监管机构进行电力监管面临的直接而紧迫的任务，是电力监管工作信息采集机制的建立与完善。由于各电力企业信息化发展的不均衡，导致不同企业不同应用系统之间存在的语言差异、平台差异、协议差异、数据差异等异构问题，电监会要实现其职能，迫切需要建立完备的电力信息化监管系统，对异构数据进行采集和融合，最终形成统一的数据格式。

对于大范围的跨企业实体的电力信息化监管系统的异构数据采集的设计，以异构数据采集为着眼点，采用 XML 和 Web Service 技术对电力信息化监管系统进行设计，从而使电监局以直接有效的方式对电力工业各环节的业务数据进行采集，为实现其管理职能打下坚实基础。因此，对其进行系统深入的研究设计是有重要意义的。以下主要针对国家能源局南方电监局电力监管工作为着眼点，展开探讨。

---

①陈琪，刘涤尘，周玲 . 基于 Web 服务的电力信息化监管系统的构建 ［J］. 电力系统及其自动化学报，2012，24（02）：96.

一、异构数据采集的相关技术

（一）XML

XML 是一个定义其他语言的系统。70XML 使用文档定义类型 DTD 和 Schema 来定义数据的结构，利用它可确认文档中数据是否有效，但更重要的是它还能定义数据的类型和数据间的关系。可将传统的数据集成策略，以 DTD-Schema 为桥梁移植到对 XML 文档的集成上来，从而实现对 XML 所写的 Web 页面的集成。XML 可对很多类型的异构信息进行高级集成。

（二）Web Service

Web Service 采用面向服务的体系构架 SOA 模型对资源进行统一的描述、发布、发现及动态绑定与调用，解决 Internet 环境下松耦合分布式异构问题。Web Service 可看作在一个基于因特网的应用程序模块，在遵守由一个协议集组成的特殊技术格式下进行对象组件间的远程互联交互。在 Web 服务中，XML 是数据的格式，简单对象访问协议 SOAP 是调用 Web 服务协议，服务描述语言 WSDL 是描述服务的格式，而统一描述、发现和集成协议 UDDI 是服务登记、查找和利用的组合。这四方面组成了整个服务架构。

二、异构数据采集方案的设计

（一）电力监管系统中异构数据采集需求分析

电力监管系统中数据集成中心是为整个系统提供数据支持的基础平台，位于系统整合框架的数据整合层。架构设计的好坏，直接关系到整合工作是否能够实现既定目标。

按照数据流向，可将电力监管的整个数据结构划分为三个层次，具体如下：

1. 数据源层

国家能源局南方电监局负责的监管对象有发电、供电、电力建设等电力企业，其所关注的发电量、电网负荷等监管指标分别存在于各电力企业的三十余个分散独立的应用系统中。目前各应用系统基本上采用了关系型数据库来管理各自的业务数据。数据源层包括现有的各个应用系统，这些系统自身产生、维护数据，提供电力监管所需的基础信息服务。

2. 主题数据层

主题数据层，包括主题数据库和 OLAP 数据库。随着南方电监局对信息实时性需求的加强，对数据源层各应用系统进行数据整合后，建设主题数据库提供统一及时的数据日益重要。同时，南方电监局还需要陆续开发安全监管系统、分析统计系统、市场监管及报价系统等查询和分析系统。这些系统自己无法产生数据，需要从前面的数据源层所监管电力信息系统中采集所需的数据来支持分析和查询。

3. 中心数据库层

中心数据库层，是整个数据环境的核心。向下，它从数据源层中提取数据，进行数据整合，向上，又作为主题数据层的数据来源，为它们提供基础数据。

目前，南方电监局还没有中心数据库层这样的一个环境，因此，需要建立中心数据库层，使所有的源数据层系统及所有的主题数据层只须和中心数据库层交互，提高数据的复用性和使用效率。

（二）数据采集及发布的设计

中心数据库建设完成之后，可将数据源的变动数据采集到中心数据库，实现中心数据库中数据的及时更新和用户订阅的变动信息准确发布。此时，要采用相应的数据更新策略来保证数据采集发布的正确性、及时性。按照数据的流向，将数据采集发布过程进行了层次划分。

第一，数据源层。数据源层是数据的源头，即各个所监管电力信息系统的数据库。本层包含多种数据源。

第二，数据抽取层。数据抽取层是数据开始整合的大门。用于将数据源层的数据抽取进中心数据库。数据抽取的目的是未来对数据进行重新组织和存储位置的转移，在数据转移过程中要对数据进行大量的清洗和转换工作。

第三，数据转换层。数据转换层是数据整合的关键步骤。由于源与目标之间存在的数据差异，需要制定相应的转换规则，然后根据数据转换规则，把抽取的业务数据结构转换为中心数据库的数据结构。

第四，数据加载层。数据加载层是数据整合的重要环节。作用是把转换好的数据写入到中心数据库中。本层解决模式实现以及数据装载时机等问题。

第五，中心数据库层。中心数据库层是数据整合的第一目标，提供数据与元数据的存储场所。

第六，数据发布层。数据发布层是数据整合的成果体现，根据共享数据订阅收集信息，把更新的共享数据发布出来供订阅者查看和接收。

（三）关键问题解决方案

数据采集和发布的关键问题就是如何化解源数据与目标数据对象之间、目标数据与发布对象之间的差异。

数据异构信息主要来自三个方面：系统异构、数据模型异构和逻辑异构。

综合数据平台采用均是 TCP/IP 协议与各数据源相连接，因此不用考虑系统异构。对于数据模型异构，可以考虑采用一种中间格式即可解决此问题。最难解决也是中心数据库主要面对的异构问题，是逻辑异构。以下提出了数据映射的解决方案和数据交互格式的方案以解决数据异构问题，采用根据 XSD 规则转换表来进行数据映射，从而使数据从数据源传递到中心数据库。

1. 数据映射解决方案

基于 XML 的数据映射方案是根据不同的需求建立数据映射来实现数据之间的转换，是数据层面的数据映射。在数据采集发布的设计中采取 XML 作为数据的统一表现形式，数据的映射工作实际也就是关系型数据库管理系统 RDBMS—XML—RDBMS 的转换，数据格式的转换工作实际上是 XML 文档之间的转换。

使用基于 XML 的数据转换主要时建立数据转换的规则。异构数据整合中最需要解决的是逻辑异构问题，而解决这一问题需要通过建立一个转换规则字典，数据转换在该规则字典下进行，这种规则是由用户建立的。本文采取如下办法解决这个问题：用户通过映射规则定义功能制定源到目标表的映射规则，保存到映射规则文件中；根据数据差异的分类，制定相应的转换规则处理函数；进行数据转换时，根据映射规则文件中的差异类型，调用相应的转换规则处理函数，进行数据的转换。转换规则不存在时，那么就需要使用异构数据库平台的 DBA 定制转换规则，这样就实现了数据库之间的数据转换。

2. 数据交互格式方案

由于各所监管电力信息系统与中心数据库之间的模式异构和逻辑异构，以下选用 XML 格式作为两者之间的数据交互格式。

考虑到实际情况和处理函数的通用性，将变化数据类型合并成两种方式：更新和删除。删除含义不变，统一将增加和修改设置为更新类型。这是由于变化数据文件向中心数据库加载时，并不知道此条记录在中心数据库中的情况，盲目设置操作类型，可能会出现问题。因此，只定义两种类型："Other" 是更新操作、"Delete" 是删除操作。不同的数据变化对应不同类型 "Type"。这种 "Other" 类型用于逐行比对方式的变化数据抽取。在文件产生时不指定具体数据操作，而是到了加载数据时来决定数据操作类型。"Set Value"

对应需要更新的字段名称和数据；"Where"对应更新条件。因此，服务器端数据采集程序只要处理 XML 文件即可。

（四）异构数据采集系统实现

完成整个数据更新过程需要七个模块，这七个模块是变化数据传输、消息监听、工作流程调度、接收、转换、加载和发布。

第一，变化数据传输：从各所监管电力信息系统提取变化数据，转换成源数据文件，然后将源数据文件传输到指定的服务器目录中。客户端程序负责从各所监管电力信息系统中获取变化数据，然后转换成源数据文件，实时监管数据采用数据采集 Web Service 接口的方式来传输到服务器上，服务器程序负责接收源数据文件，并调用后续处理工作。

第二，接收数据：读取指定目录的源数据文件，并转换成变化数据文件。

第三，转换数据：由于源与目标之间存在的数据差异，需要制定相应的转换规则，然后根据数据转换规则，把抽取的业务数据结构转换为中心数据库的数据结构。它是解决各所监管电力信息系统和数据平台之间数据差异的模块。它需要数据映射规则文件的支持，而数据映射规则文件由平台相应的维护管理功能模块提供。

第四，加载数据：把转换好的数据写入中心数据库中。

第五，发布数据：是根据共享数据订阅收集信息，把更新的共享数据发布出来供订阅者查看和接收。

第六，工作流程调度：按设定顺序，调用前四个模块，来实现中心数据库的更新。

第七，消息监听：负责监听来自客户端、系统等的消息，根据消息类别调用相应的工作流程。

第六章 电力信息化建设及其创新技术应用

随着科技的迅猛发展，电力行业正迎来前所未有的变革与创新。在这个充满机遇与挑战的时代背景下，电力信息化建设成为推动行业向智能化、高效化迈进的关键一步。

第一节 基于智能电网的电力信息化建设

随着经济的发展，研发新能源、减少碳排放、发展可持续经济是各行业关注的重点。对于电力行业尤其如此，研发低碳排放、可再生的新能源代替原化石能源，通过先进的科学技术规划现有资源的利用，达到资源的最优化配置，最大限度地提高资源的利用率。由此，智能电网应运而生。

智能电网可通过先进的信息化技术将能源开发、能源输送、输电、配电、售电、客户服务等业务内容及各种设施设备有机地结合在一起，实现全程智能，实时监控，能源利用效率和供电安全将达到质的提高；同时，各种污染排放也可降低到环境可接受的程度。目前，智能电网的建设已成为中国电力行业发展的重中之重，是电网史上一次重大的改革。电力企业作为国家电力的重要组成部分，积极开展信息化建设，通过先进的信息技术将能源进行优化配置，提高资源使用效率，促进能源的效率与供应提高到一个全新的水平，使电力企业满足建设资源节约型和环境友好型社会的要求，是可持续发展道路新形势下的重要环节。

在智能电网背景下的信息化建设，将会面临很多新的挑战和机遇，如何高效地进行电力企业信息化建设更是摆在我们面前的难题。随着我国电力体制改革的进程加快，智能电网成为电力企业向信息化、智能化发展的必然趋势。在国家政策方面，电力企业需要应用智能电网技术，减少污染气体排放，坚持可持续发展经济指导方针；在市场变化方面，终端用户的需求日益多样化，用户与供电企业的互动愈加频繁，电网必须能够灵活地支持各种电能交易，随着市场变化灵活改变电能交易手段与定价方式。因此，研究基于智能电网背景下的信息化建设对电力企业显得尤为重要。

一、智能电网概述

（一）智能电网的内涵

智能电网是指将电力企业和终端用户，通过双向的能量流和信息流网络及相关的智能体有机地联系在一起的自动化、智能化、现代化的电力网络体系，能够实现发电、输电、供电和服务的全景实时监控、自动系统维护和智能优化调度。传统电网的柔性较差，在能源配置、电力的传输与配送等方面灵活性较差，不能通过电网动态的实时监控进行调整；控制通过层层传递的多层控制进行，越级沟通阻碍较大，一旦受到攻击，其恢复能力完全依靠物理冗余；无法实现与终端用户的互动，信息流从电力企业流向用户，方向不可逆；在电网体系内部，信息共享程度低，存在信息孤岛，各自为政的自动化系统无法进行有机结合，成为高效、低耗的整体。与传统电网体系不同的是，智能电网应用扁平化结构控制体制，反应迅速，将集中与分散相结合，结构柔性程度高，能够灵活转换网络结构，优化配置系统资源，进而提升电网的运营效率和服务质量。

智能电网是传统电网发展趋势之一，可将传感量测、自动控制、能源电力等先进技术与电网的基础设施实现高度集成，其智能化主要表现在下以下几个方面：

第一，电网体系的可观测性，智能电网应用传感量测技术，能够对电网准确感知，实现对电网的实时观测，及时发现电网的异常；观测对象的控制性，由于能够对电网进行实时观测，因此，可对观测对象进行随时控制；实时分析和决策，智能电网能够根据实时监测的数据进行分析并智能决策；自适应与自愈性，一旦出现故障或受到攻击，智能电网能够实现自我调整和恢复。

第二，智能电网将物理电网及其信息交互平台为基础，基于电网体系内电力流和业务流两方面的实时信息，将生产运营和服务进行有机结合。通过智能电网，可实现电网业务的动态分析，实时诊断，自我恢复和优化，向相关管理人员提供全面、准确、实时的电网运营状态图，并能够智能化决策，辅助管理人员制定决策。

（二）建设智能电网的必要性

电力行业作为国民经济的基础行业，与人们的工作生活息息相关，保障电力能源安全稳定的运营是国家大计。目前，电网智能化已是大势所趋，而要准确把握智能电网的发展方向，必须分清建设智能电网的必要性，结合需求和国情，制定出适合自身发展的智能电网发展路线和建设重点。

1. 可再生能源的发展要求

由于环保理念的深入人心，各个国家和地区纷纷减少能够产生二氧化碳等温室效应气体的或是能源的使用，开发利用风能、太阳能等可再生能源进行发电是全世界能源发展的新趋势，是世界各国应对气候变化，解决能源和环保问题的共同选择。我国的主要能源是煤，电力体系中发电使用的燃煤发电量高于世界平均水平，因而产生的有害气体等环境问题较多。然而，从电能供应和电网运营的角度来看，风能、光伏发电、径流式小水电、潮汐发电等可再生能源并不是优质电源，风能等一次性能量难储存，并且难以控制，发电机组的电力输出普遍具有间歇性强、波定性大、可控性差、调节能力差等缺点。如果发电机组的分布范围和装机容量进一步扩大，将会对电能供给的安全性和可靠性带来极大挑战。

因此，必须加快智能电网的建设，大幅度提高对广域量测信息和实时监测信息的综合分析和处理能力，全面提升电网在能量管理和调度方面的智能预测和优化调度水平。

2. 用电结构变化的要求

生态环保和能源安全的双重推动力不仅促进了电能生产结构的调整，而且促进了世界能源消耗结构的变化和用户侧电源的发展。分布式电源和用户侧电源储能电池的涌现，一方面，对现有的配电网结构和配电售电运营管理模式带来了巨大挑战；另一方面，也给电网带来了新的机遇。为了减少汽油燃烧、煤燃烧等对城市环境的污染，同时，也为了减少对化石燃料的依赖，各国纷纷加大了电能在交通、供热、制冷等领域的研发和推广力度。交通、家庭烹饪、供暖等方面的能源消耗正从燃油、燃煤、燃气等有污染的方式向电气化、无污染的方式转变，这样进一步加强了对电力能源的依赖程度，对配电环节的供电可靠性和电能质量也提出了更高的要求。

3. 经济快速发展的要求

推动智能电网发展的驱动力来源于经济的增长，由于经济的快速发展，智能化已经深入生活中的各个领域：智能交通、智能家电、智能设备等。经济高速发展的同时产生大量的电力需求，必须通过智能电网的建设满足电力需求。同时，电力企业与终端用户的互动愈发频繁，用户需求日益多样化、个性化、定制化，必须加快智能电网的建设，加强电力信息化建设，满足客户需求，为客户提供更高效、方便、准确的服务，进而提高客户服务质量。智能电网相对于传统电网的主要优势在于实现了电网与用户间的双向互动，实现了电网故障的自愈功能，进一步提高了电网供电的可靠性和高效性。

（三）智能电网的建设目标

实现智能电网后，能够利用较小的能源投入获得较高的能源利用率，同时，能够提供更加安全的供电环境，减少传统火电带来的大气污染问题，此外，还能保证投资成本尽量少的情况下实现良好的经济效益和社会效益。智能电网的建设完成后需要的维护成本较低，电能是不能够大规模储存的，因此必须是即发即用。电网作为配、送企业必须对各个环节进行管理，尤其是在区域停电事故发生后，能够快速地协调其他线路接入，保证电能的可持续供应。智能电网的建设必须以电力供应小部分盈余为前提，同时保证安全性和稳定性。智能电网通过资源合理配置融合信息技术和电网技术，最终实现电网的输配电功能，具体包含以下几项内容：

1. 安全、可靠、经济运行

基于动态通信系统的智能电源能够实现电力用户和电力生产企业之间的交互通信，保证电力生产和消费之间无缝衔接，同时，鼓励消费端用户能够参与低碳经济运行管理活动。此外，信息网络技术的发展需要智能电网具备故障修复功能，能够最大限度地减少停电事故，实现电网的自愈，为电力系统的安全、高效运行提供条件。通过电网故障自诊断和自愈能够对电网各个区域、各个时段的运行情况进行了解，及时发现可能存在的故障并快速隔离，保证电力供应持续。

智能电网实行联网，能够将不同种类的发电厂相互兼容，这对于智能电网的建设来说既是挑战又是机遇。根据不同电压等级实现发电侧的相互协调是世界各国研究的重点领域。智能电网还具有在线监测功能，能够借助于高速串行通信网络对设备状态参数进行监视。对于可能存在故障的区域或者环节提供报警信号，及时通知相关人员进行故障预防，尽可能地保证设备处于最佳运行状态。

总之，智能电网的核心目标就是实现电网运行的可靠性、安全性和经济性。

2. 生产力水平大幅提高

作为电力企业来说，实现智能电网的基本任务是进一步提高生产力，利用先进的网络技术和信息交互技术实现电能的科学配置，在不必要的环节上降低功率损失和经营成本。传统的电网通信系统是通过集成化的计算或者其他设备输入和处理信息的，因此，在设备故障时就会引起停电事故，使得用户满意度下降，目前，电网的业务系统是事务处理系统，简称为 TPS。

推行智能电网以后并不是将 TPS 功能完全取缔，而是将其功能进行延伸，实行客户集成管理，也就是 CIS 管理系统，能够电网技术延伸到客户端，保证用户侧主动地响应电网侧操作，用户可以自己完成用电行为调整，采用智能电表也会比原来的普通电表功能丰富，包括评估、决策增加和定位等利于客户自行选择。

3. 实现科学化电网决策

我国电力销售是从抄表开始的，之后演变为购电卡，实现了先交费后用电的整体营销策略。但是随着能源短缺和气候变化的影响，使得电力市场交易环境开始复杂化，通过用户相应购电策略是电力企业面对的主要问题之一。智能电网采用智能客户决策支持系统，能够在联机状态下实现数据分析和处理。作为当前较为可靠的信息管理系统，用户可以通过该系统申请和购买相应的电力产品，为电网、用户提供双赢选择。

4. 促进电网组织制度改革

实行智能电网技术以后，电力企业能够更加快捷、高效地为用户提供服务。我国实行厂网分离以后，电网的主要功能是输送、配电和售电，而采用智能电网以后，能够更加合理地分配资源，简化部门配置，为电力企业的组织改革提供条件。

5. 升级电网战略合作关系

作为电能可持续发展的开端，智能电网能够对发电企业、用户、设备厂商的战略合作关系进行升级，能够实现高效的输电管理、配电管理以及资产管理等基本功能。电网作为电力供应链的核心环节，直接与发电企业和用户进行衔接，因此，依靠电网智能决策支撑其输、配、售业务，相对于传统电网，电网企业具有更加强大的市场号召力。此外，实行智能化电网后，可以将发电企业和供电企业的战略合作关系贯穿到电网全新的物流系统中，开创合作共赢的新局面。

总之，智能电网是全世界能源发展战略的重要组成部分，必须启动智能化电网的发展规划，带动电气、可再生能源、清洁能源行业的发展，为后期发展和维护提供条件。

（四）实施智能电网的价值

在当前形势下，中国实施智能电网的战略，具有极其重要的现实意义，具体如下：

1. 优化能源结构调整

我国的煤炭资源较为丰富，但是在石油、天然气等自然资源上储量较少，这就使得我国的能源结构存在能源供给不足导致需求不平衡、能源利用效率低下、环境污染问题日益严重等问题，这些问题是促进我国发展太阳能、风能等清洁能源的根本原因。因此，我国智能电网的发展必须做出相应的结构调整，以适应我国电力能源的进一步发展。

通过实施智能电网，能够为太阳能、风能等产业提供发展平台，极大地改善我国能源的分布结构，实现节能减排，能够尽可能地降低我国电力企业对传统煤炭发电的依赖性，改善能源消费和供应结构，实现电能生产和消费两端的清洁化，保证经济和环境协调发展。

2. 实现电网资源合理配置

我国工业发展大多数集中在东部沿海和南方地区，而自然资源则多数分布在北方和西部偏远地区，因此，导致产业结构和资源配置不够均衡。我国化石能源、水能、风能等能源大部分分布在经济不发达的地区，未来能源供应仍然需要不断向北、向东迁移，能源输送形势严峻。我国实行智能电网以后，能够有效地解决电力传输线路过长、传输效率低等问题，通过大型核电技术、水电技术推动电力企业的国际化发展，实现更大范围的电力资源合理化配置。

3. 提高清洁能源在电网中的比重

电网的主要功能是实现电能传输，对清洁能源发展具有引导作用，电网需要消化清洁能源，并用于传输和使用。对于清洁能源来说，其缺点也较为明显，就是稳定性较差，因此，提高电网的适应能力是促进清洁能源并网的前提条件。实行智能电网以后，能够通过自动化控制和信息通信技术实现设备的在线诊断，能够从总体对电力资源进行管理，包括传统的煤电和清洁能源，这在很大程度上降低了清洁能源给电网带来的安全问题，保证电力系统运行的稳定性。

4. 推进节能减排，发展绿色经济

由于我国自然资源中煤炭较多，天然气、石油等资源相对较少，因此，这就使得我国能源消费主要以煤炭为主，节能减排任务繁重。智能电网对清洁能源进行充分开发和利用；此外，通过引导用户改善消费观念和消费方式来提高清洁能源在总体电力资源中的比例，促进清洁能源的快速发展。用户端可以利用蓄能电池技术实现友好互动发展，比如，加快电动汽车、节能家电等设备的研发和应用，从设备终端改变消费模式，以提高清洁能源的利用率，减少化石能源的依赖度，推动绿色经济发展。

5. 满足用户多元化电力服务需要

作为连接用户和发电企业的载体，智能电网在未来的发展需要更加注重用户需求。随着居民生活水平的不断提高，居民开始关注供电质量的优劣，对电力供应环节提出了更高的要求。随着太阳能、风能技术的开发和应用，智能电网的角色显得更加重要，尤其是需要兼容各类清洁能源，给电网稳定性带来了诸多挑战。供电企业如何提高电能质量是未来发展的必然要求，加强用户和电网之间的沟通和交流，满足用户的多元化需求。

（五）智能电网的发展方向

1. 坚强智能电网的基本内涵

坚强智能电网是智能电网发展的重要方向。坚强智能电网是特高压电网为骨干网架、各级电网协调发展的坚强网架为基础，信息通信平台为支撑，具有信息化、自动化、互动化特征，包含电力系统的各个环节，覆盖所有电压等级，实现"电力流、信息流、业务

流"高度一体化融合的现代电网。坚强智能电网的核心是坚强和智能。坚强是基础,指智能电网的骨干电网网架和发电能力稳定而可靠;智能是关键,不同于传统电网,智能电网能够实现全景实时信息的共享与整合,通过资源优化配置与合理的整合,将电力供应及与客户互动过程中的双向能量流和信息流融合在一起,提高供配电和信息交互效率、电能有效利用率和客户服务质量。

坚强智能电网具有信息化、自动化、互动化等特征。其中,信息化是智能电网的智能化的基本表现,表现为将各类电力、业务的实时和非实时信息进行搜集、整合,提供给电网管理人员全面、细致的电网动态运营信息图;自动化是智能电网优于传统电网的直观体现,通过信息的实时监测和高效、准确传输,全面提高电网体系的管理控制水平;互动化是智能电网的内在要求,是市场变化的结果,通过基于信息平台的信息共享和分析整合,实现电力企业与终端用户的互动,来满足用户的多样化、个性化需求,提升用户体验,促进电能应用安全可靠,高效环保。

2. 坚强智能电网的技术体系

坚强智能电网的技术体系包括四个方面:电网基础体系、技术支撑体系、智能应用体系和标准规范体系。其中,电网基础体系是包括实体电网网架、相关设施设备及其站点的基本电网体系,是坚强智能电网的物质基础;技术支撑体系包括综合信息支撑、统一信息支撑和复合通信支撑,是指先进的智能化技术体系与电网基础体系结合的应用,是坚强智能电网实现智能化的前提;智能应用体系是指结合技术支撑体系中的先进技术,通过电网动态的实时监控,实现发电侧、电网侧和用户侧业务的智能化应用,进行电力资源优化配置和用户的无阻碍交互;标准规范体系是指智能电网运行过程中遵循的标准和规范等,是坚强智能电网的制度保障。上述四个方面组成的技术体系保证了电力流、信息流和业务流的高度一体化。

3. 坚强智能电网的发展趋势

坚强智能电网依靠坚强稳定的实体电网体系,通过智能化信息控制手段,将电力流、信息流、业务流高度融合的统一整体,涵盖了从电能生产到输送至用户的全部环节。其业务内容涵盖电网规划与建设、能源配置、电力销售和设备维护等方面,管理控制过程从电网的规划设计开始,包括电网建设、设备运行、维护和更新等。未来智能电网从横向上来说,包括各个地区的电网体系、分布式电源与用户;从纵向来看,智能电网包括基础装备层、智能应用层和决策管理层。

(1)坚强智能电网将具备强大的资源优化配置能力。在智能电网建成后,坚强的电网结构使得电力承载能力加强,能够承载更多电力,形成强交、强直的特高压输电网。由于电力生产量的大幅度增加，可再生能源及电力将会大规模跨区域运输，从而加强资源的优化配置，降低损耗，提高资源利用效率。

（2）坚强智能电网将具备稳定可靠的运行能力。由于坚强智能电网具备的坚强电网网架结构和全景信息的实时监控，其运行能力将进一步加强，安全性和可靠性也将大幅度提高。各级防线之间紧密协调，具有预警功能，有效防止大范围故障发生，并具有一定的突发事故抵御能力。

（3）坚强智能电网将促进清洁能源的使用与发展。由于在风电机组功率预测、低压穿越及常规机组快速调节等领域的突破，使得清洁能源发电和并网运行的能力、大容量储能技术显著提升。这些都促使清洁能源的大规模开发、使用和发展。

（4）坚强智能电网将满足新型电力用户的服务要求。为了满足新型电力用户的用电需求，智能电网将对其建设具有针对性的、完善的充放电基础设施网，形成科学合理的充放电布局，满足社会发展和人们的需求，电动汽车和电网将实现高效安全的互动。

（5）坚强智能电网将实现电网资产高效利用和全寿命期管理。坚强智能电网的技术支撑体系包含电网全寿命期管理体系、财务管理体系和成本考核体系等，能够实现电网资产的智能规划、财务辅助决策和进行供应商管理与用户进行互动等，形成与全寿命期管理体系相协调的经营管理制度和业务流程。通过上述支撑体系与智能应用体系的结合，在发电侧、电网侧和用户侧进行智能管理和调度，电网资产利用率显著提高。

（6）坚强智能电网将实现终端用户与电网企业之间的互动。通过营销技术支持平台的应用，能够实现供电方与用户之间双向的信息流交互，用户可通过信息平台实现查询、在线支付及故障报修等服务，同时，可依据用户的消费和交互信息将用户进行分类和评价，针对不同类别的用户提供针对性服务。需求侧管理、分布式电源综合利用及电动汽车充放电管理等应用体系将进一步完善，实现有效有序提供电力服务。

（六）基于智能电网的电力信息化发展的相关技术

电力信息化发展的目标是实现以信息化平台为基础，业务流、电力流和信息流能够有效融合，通过智能电网的建设使得从发电、输电、变电、配电和用电等环节实现全景信息感知和数据的及时可靠传输。实现信息化、智能化发展的相关技术包括新能源发电及储能、在线检测、馈线自动化、互动式用电及智能调度技术。

1. 新能源发电及储能技术

目前，能源需求增长与能源紧缺之间的矛盾日益激化，开发可再生能源，提高能源利用率迫在眉睫。在可再生能源中，除水力发电外，风力发电最具潜力，也是电力系统中增长速度最快的发电方式。随着风力发电技术的不断发展，风机的单机容量不断增大，发电成本不断下降。另外，光伏发电产业的发展也十分迅速，由于我国具有丰富的太阳能资源，因此，光伏发电的应用范围已遍及各个民用、住宅领域。无论是风力发电还是光伏发电，输出电力都受环境限制，如何利用相关设备进行有效控制，提高可再生能源渗透率，提高电能储存和释放能力是研究的核心技术。

2. 在线监测技术

随着电网的可靠性和经济性要求的增加，电力检修已经从定期检修到状态检修过渡，状态在线监测技术是状态检修的核心技术，是指利用先进的计算机技术采集设备运行时的各种数据并进行逻辑判断，实现对电力设备运行状态的不间断实时监测。因而，需要针对电力企业信息化向智能电网发展的目标，对电力设备进行全方位的维护和升级，不断完善管理手段，使原有的粗放经营管理模式向精益化发展，建立完善而合理的信息化平台，实时监控电力设备状态信息，提高电网管理水平。

3. 馈线自动化技术

馈线自动化指变电站出口至用户用电设备之间的馈电线路自动化，实现正常情况下的设备状态监测、数据测量和运行优化，故障情况下的故障诊断、隔离和供电修复等。馈线自动化是配电自动化的关键技术。随着终端用户对电网的个性化服务和供电可靠性的需求不断增加，配电网作为连接电网和用户的纽带，自动化是电网发展的必然要求。配电网自动化能够将配电网的各类数据、电网结构和地理图形等信息进行信息集成，实现配电网及其设备的状态监测、数据测量和运行优化，发生事故时的监测、保护、控制、用电和配电管理的现代化。

4. 互动式用电技术

终端用户是电力的消费者，是电网结构中关键的一环，其对于电网的要求和意见是电网发展重要的参考依据，鼓励用户在电力系统管理中发挥作用，实现互动化是未来电力信息化的发展趋势。从智能电网的角度来看，用户需求是一种可管理的资源，可据此协调供需矛盾，提高电网服务质量；对于用户来说，电力是其购买的商品，随着用户需求的多样化，参与电网的运行管理，提出管理建议，可使其不断改进客户服务方式，满足用户的个性化需求。为了实现上述交互，需要互动式用电技术满足电网和用户双向信息沟通，这也是用户参与电力系统管理的基础技术。实时通知用户其电力消费的成本、实时电价、电网目前状况、计划停电信息及其他的服务信息，同时，用户也可根据这些信息制订自己的用电方案。

5. 智能调度技术

智能电网的智能化很大程度上依赖于电网的智能调度，智能调度支持技术系统是实现智能调度的核心研究问题，是实现调度系统控制管理大电网和提高风险防御能力、实现电网高效管理的技术基础。现行的调度自动化系统存在着自动化不完全、信息纷杂、控制过程不安全、集中式控制方法缺乏、事故决策困难等问题。智能调度技术的发展是适应大电网、特高压及智能电网建设运行管理要求，实现调度业务的科学决策、电网高效运行管理、电网异常是事故快速响应的必由之路。

二、基于智能电网的电力信息化建设的必要性

统一坚强智能电网是以统一规划、统一标准、统一建设为原则，特高压电网为骨干网架，各级电网协调发展，具有信息化、数字化、自动化、互动化特征的国家电网。基于智能电网角度来谈电力信息化的问题，是因为智能电网的建设已经成为影响我国能源战略部署的重要考虑因素；智能电网建设将开启电网的一次重大革新，而信息化则是这次革新中不可或缺的重要内容和手段；信息化与电力工业的深度融合也将随着智能电网的建设体现得更加充分。

电力信息化支撑智能电网建设，是将原有的、分别建设的各业务应用系统平滑地整合在一起，建立相互统一的基础业务应用系统和高效运行的层次化信息体系，实现智能电网相关业务应用的互联互通，从而促使整个智能电网成为一个有机结合、层次分明、完整高效的整体，支撑电力流、信息流、业务流合一，满足业务变化和支持智能电网业务应用。大力推进电力信息化建设的发展是建设智能电网的具体途径；信息化作为提高企业管理效率和企业竞争力的有效工具已经成为电网迎战新的市场竞争的一个重要手段；最重要的是，运用信息技术改造传统电力企业，加快结构调整和产业升级，提高电力企业的核心、竞争力具有重要的现实意义。

"电力市场化改革，使企业信息化建设成为企业生产管理的基础和核心。"[1] 对电网企业而言，信息流是电力流和业务流的二次辅助手段，是电力流、业务流等一次变更的驱动力。在智能电网中，电力流、业务流、信息流将实现有效融合，从发电、输电、变电、配电、用电和调度六大环节将实现透彻的信息感知、及时可靠的数据传输、多级数据的高效处理和海量信息的智能分析，满足了信息获取的实时性、准确性和全面性，这些都需要信息化公共平台的全面支撑。因此，信息技术在智能电网各环节无处不在、全面渗透和融合，通过纵向贯穿、横向贯通的网络共享平台，实现电网实时信息的交互、共享，两者是

---

①李巍. 电力企业信息化建设思考与实践 [J] . 电力自动化设备，2004，24（10）：83.

密不可分、互相协同的。

三、基于智能电网的电力信息化建设的实践

全球信息化的趋势日益明显，信息已经成为经济发展的战略资源与社会管理的基本元素。国家之间的竞争力关键在于企业竞争力，而企业信息化是增强企业竞争力的有效手段。电力行业作为国家重要的基础性行业，具有举足轻重的地位，因此，电力信息化是我国企业信息化的重中之重。

电力行业作为技术密集型、资金密集型的国民基础工业，必须用先进的科学技术不断武装自己，完善设施设备。电力行业改革后，逐步实现厂网分离，竞价上网，传统的垄断生产的管理模式已不适应现行的竞争机制，逐步产品渠道转化为竞价上网，终端用户为主导，建设智能电网。为应对这些变化，企业必须进行一系列的自身改革，强化核心竞争力，提高企业效益。其中，企业信息化是进行改革的基础环节，是建设智能电网的必要前提。

（一）基于智能电网的电力信息化建设的评价

电力信息化建设是指企业对信息技术、管理功能的实现、自动化技术、电网等方面的综合应用，促进企业各个环节运营状况得到提升，综合实力得到增强。评价和分析企业的建设项目，有利于企业改善信息化建设的现状，解决已经出现的问题以及没有被发现的安全隐患；与此同时，评价和分析企业的建设项目可帮助企业沿着正确的引导目标开展工作。因而，研究电力信息化建设项目的评价具有一定的现实意义和参考价值。

1. 基于智能电网的电力信息化建设的评价方法

针对信息化建设项目的评价主要包括定量评价法、定性评价法和定量与定性结合评价法。定量分析评价法采用数据对电力信息化建设项目来评价，定性评价法是依据专家对知识的理解和相关经验对信息化建设项目进行综合评价，出于对评价的客观和科学角度考虑，评价时多采用定量分析的方法。不过有些指标不能用量化的方式表达，因而多选用定量与定性结合起来的评价方式。常用于信息化建设规划评价的方法包括专家调查法、层次分析—模糊综合评价法、主成分分析法，具体如下：

（1）专家调查法。德尔菲法，即专家调查法。预测及评价研究领域中，德尔菲法是普遍应用的方法之一。德尔菲法的基本流程为调查者着手拟定调查表格，按照一定的程序规范通过邮件或是其他不记名的形式征集各专家成员对某个问题的意见，将调查的结果经过统计后，让接受调查的专家获知这些信息，经过数轮的反馈后，让专家的意见趋于统一，采用匿名形式交换看法，将最后一次咨询的结果作为有统计意义的专家集体判断结果。德尔菲法的优点如下：

第一，采用的调查方式为匿名邮件或其他形式，分别发送调查表给各领域资深专家，这种方式有效消除专家会诊法中面对面交谈的影响因素，专家之间相互处于毫不知情、毫无联系的状态，避免发表看法受到他人或是其他因素干扰，更容易让专家们表达真实的想法，作为修改原意见的参考意见。

第二，采用汇总反馈意见，各种信息的沟通与反馈经过多次反复，有利于得到各领域专家对此问题的意见，处理问题用统计数字方法，对问题定性评价转移趋向采用定量形式进行评价。

德尔菲法的缺点是花费时间久，消耗人力、财力较大。

（2）层次分析—模糊综合评价法。在对复杂的决策进行处理时，更倾向于应用模糊判断形式，尤其是对待非静态、可变性的条件，更多运用模糊决策，特别是针对电力信息化建设评价情况，涉及大量复杂现象和不精确状况的相互作用，评价过程中有大量无法确定的指标，需要将很多不容易定量的指标定量化，建立模糊数学为基础的隶属形式，用数值客观地描述可变性的现象。模糊层次分析法就是这样可用于模糊分析的综合评价的一种方法。它是增添模糊条件后的层次分析方法，模糊综合法与层次分析法建立联系，将两种方法的优点更好地融合在一起，使研究方法更具可靠性。模糊层次分析法更加灵活，具有弹性，因而能将专家对个人主观偏好对打分的影响程度降到最低。

（3）主成分分析法。在分析系统过程中，主成分分析法为主要的方法之一，常处理多元问题的数据，最终能使多元数据进行最佳综合简化。利用主成分分析法进行评价时，其过程如下：

第一，呈现初始数据矩阵。

第二，利用数据标准化公式，对初始矩阵进行标准化处理，获得新矩阵。

第三，依照新矩阵，计算每两个数据指标之间的相关系数。

第四，计算相关系数矩阵的特征值，及对应的特征向量。

第五，统计主成分的计算结果。

2. 基于智能电网的电力信息化评价的指标体系

在评价体系指标中，国际知名银行、国家政府相关部门及组织广泛接受并遵循SMART原则，作为评价指标体系的规划准则。SMART是五个英文单词的首字母组成的简写，这五个单词是：具体性（specific）、可衡量（measurable）、可实现（attainable）、相关（relevant）与可追踪（trackable）。

（1）具体性。具体性指用客观语言的描述评价目标要达到的行为标准。其主要的特点为特定性、目的性和专门性，展示方面涵盖目标固定、方向固定，其中，目标固定指的是设计指标体系出发点和根本要素。

（2）可衡量。可衡量指的不一定是采用一个定量方式，也有可能是按照已设定统一的衡量尺度的标准，对所需评价对象的表现特征进行衡量。相应地，定性指标被纳入可衡量的范围内，参照细化的评价标准，适合的情况下进行适当细分，可保证在统一的标准下定性指标评价进行衡量。

（3）可实现。设计研究过程中需要的数据必须是能够获取的，具有一定的可操作性。假设获取数据的过程耗时较长，花销巨大，造成难度系数十分高，此指标是否有实际的可操作性值得商榷，因而在实际操作中，对于高难度的数据资料常采用近似的方法进行获取。

（4）相关。指标体系的建立，并非是所有指标的罗列，需要将相互间存在某种关系指标一个组合，然而指标与指标之间绝对无关，这些是构成一个有机整体的基础。评价的目的与各个评价指标间应该也是相关，这是内在相关性的表现形式，其宗旨是要对整个评价活动进行评价；与此同时，评价对象各个方面可通过各评价指标予以描述，指标间是相互关联、可互补和互验证的。

（5）可追踪。监督行为是评价的最终目的。针对活动整个评价过程一定阶段后，评价的效果须被了解和跟踪，仍要再次进行评价。因而，在设计的整个环节，将控制和追踪情况方便程度纳入考虑范围内。

企业电力信息化建设项目依靠企业电力信息化建设评价指标体系引导正确的发展导向。通过借鉴信息化评价指标体系和其他电力系统评价指标，并结合电力信息化的实际情况，建立企业电力信息化建设评价指标体系，能够有效地、客观地、正确地评价企业及下属各地方电力企业的信息化项目建设情况，规范企业电力信息化的管理，能够帮助企业获得收益，同时，兼顾务实态度和整体统筹规划。

为准确、有效地评价企业电力信息化建设，从信息平台、应用集成和信息化保障三个方面建立评价指标体系。电力信息化建设评价指标表现为 3 个一级评价指标，24 个二级评价指标。一级指标一体化信息平台下包含信息网络、数据中心等 4 个二级指标。业务应用集成下集中设有人力资源、运行管理、物资管理、营销管理、财务管理、项目管理、规划管理、生产管理、办公业务、综合管理、业务应用集成、分析与决策、直属单位业务及农电代管单位业务等二级评价指标。

（二）基于智能电网的电力信息化建设的原则

电力信息化建设离不开电网系统各环节的信息化、智能化。因此，电网企业信息化建设，要基于集约化式发展、标准化式建设、集团化式运作、精益化式经营的四种经营管理理念，根据电网企业实际发展现状和信息化需求逐步建设与完善起来。建设信息化电网体系以满足不断增长的信息需求为目标，同时，以信息化发展促进运营管理过程中的自动化、智能化。依据企业的发展战略制订信息化总体规划，对资源进行合理配置，优化工作流程，进行合理的功能拓展和技术升级。以科学发展观为指导，把提高企业核心、竞争力作为目标，精简和优化企业内部流程。

第一，整体性。结合企业发展战略，在发展规划中，加入信息化规划，充分结合未来企业业务发展和管理水平，确保企业发展方向更具有整体性和一体化。

第二，可行性和实用性。信息化规划方案要确保在规划信息化方案时，首先确定技术上是可行的，系统运行后是正常的，且连接无缝隙；实用性主要是指信息化规划方案更有针对性，贴合实际需求，主要业务需求被满足，还包括信息化项目对环境变化的适应性。

第三，前瞻性和可扩展化。对企业的优化需要用发展的眼光看待问题，将企业的更长远的规划考虑在内，不断地进行调整以适应新形势下的状况；同时，信息化规划方案对信息技术的快速发展有足够强的适应性，对于实施项目将未来的延伸性和扩展的可能性要有充分的考虑。

第四，有效性。企业信息化建设开始实施时，要调查职能部门的业务现状，找出问题，在此基础上提出信息化需求；按照分系统和子系统逐层级逐项对其进行有效的描述，列出相应的项目。这是促进信息化建设的有效途径，在实施规划中，始终坚持面向应用、实效性作为指导方针，分步推进。

第五，标准化和通用性。信息化建设项目要求将运行和管理集合成一个整体，体系中既包括实时和非实时数据系统，也包括通用的管理系统、专用的专业系统。同时，兼顾标准化和通用性的各系统之间接口衔接，有利于横向传输数据，实现共享信息资源间无阻碍，是系统的整体性和集成化的关键。

第六，安全性和可靠性。安全性和可靠性是信息系统中必要的组成部分，各个系统依据自身的特殊要求，采用相应的隔离和保护对策，其中具体可包括异地容灾、安全机制、数据储存的权限控制、系统分区设置及隔离等，这些措施的应用在某种程度上，对系统运行的安全性起到一定的保障作用。推行多层结构软件，具体包括系统的管理层面、系统结构层面、技术层面、设备性能层面等，采用负荷均衡等技术，不但可增加平均无故障时间，还可提高系统的可靠性。

（三）基于智能电网的电力信息化建设的目标

电力企业根据智能电网的建设需求，完善标准化管理体系，积极构建大运行系统，确定电力信息化建设的总体目标，采用信息技术支撑的总体框架，搭建电力信息化建设统一管理和规划的功能框架，适应电网发展方式的转变，落实企业发展方式的转变，满足电网建设快速进程的迫切要求。

在智能电网的背景下，电力企业利用先进的通信技术和信息手段，例如，一体化智能信息集成平台、移动作业支持技术、地理信息与空间服务平台、光纤和无线通信技术，通过确定统一的信息标准、应用标准促进跨组织流程的衔接和优化，管理信息系统进行深化，建设运营监控为中心，提高数据质量，逐步提升数据管控。

依靠一体化信息平台创建、数据中心的建设，大众数据资源库日趋丰富，信息壁垒逐步消除，业务融合不断促进，电力信息化的建立与发展战略协调一致。根据智能电网建设要求，各方面要产生根本性的变化，其组织方式和业务管理模式，逐渐统一化，协同发展，精益并集中化发展。

规范电网信息化建设管理制度，提高整个项目建设质量与安全水平。管理技术更加专业化，对项目建设中关键环节有计划地集中管理控制，管理的效率得到提高，综合经济效益不断提高；对电网建设中涉及的核心、技术进一步完善，质量检验和测评的标准及设计方案的等级制度需要健全。

创新管理体制和工作机制，不断促进电力信息化建设管理趋于集中化、扁平化、专业化，统一业务管理流程、建设标准和管理技术制度，实现采集数据的数字化、自动化生产过程，实现经营决策职能分析，助力智能电网建设，推进电力信息化建设集中化、标准化、专业化、精益化，提高电力企业信息化的各项标准和水平。

（四）基于智能电网的电力信息化建设的结构

1. 基于智能电网的电力信息化建设的总体结构

智能电网规划建立的支撑基础是信息技术保障体系，全面实现企业资源的合理规划、恰当的配置及有效的管理，对覆盖智能电网的电力信息化的建设及对企业和分企业之间的业务链集成化管理，其中，信息技术保障体系包含企业门户、信息集成、信息平台、信息安全、信息网络五个组成部分，并依托对应四个部分的组成进行纵向管理控制，在全面风险管理状态下，实现科学化决策，最终完成集约化管理。

2. 基于智能电网的电力信息化建设的功能结构

电力信息化建设在信息技术上关注数据信息集成深度化，信息共享的高度化，业务流程重组和规范化，在一定程度上，业务交流次数较多，囊括了企业中全部的核心业务中重点的环节，对企业的资源进行全面且统一的管理、集中和规划。主要是实现管理控制的精益化、资源配置的集团组织化、自动采集信息，业务处理标准化，从企业的大局利益出发，着手于业务的单一方面，部门间存在的障碍被清除，分割格局被清扫，避免信息孤岛壁垒。

（五）基于智能电网的电力信息化建设的内容

1. 一体化的信息平台

针对整个电力行业，信息系统数目不间断地产生变化，一体化信息平台可实时响应变化，被认为是信息系统技术框架结构的中枢部分。一体化信息平台能够对电力行业中各个系统进行监管和维修，进而使电力企业信息系统的可操作性更强，更加方便快捷，并提高可被重复利用率。电力企业须建立以数据模型为基础，涵盖数据交换系统（数据存取、转换和加载为主）、应用集成平台（SOA 为主，面向服务架构）、商业智能决策系统（BI 为主的商业工具，商业智能）、展现平台（Portal 为主，应用门户）的一体化的信息平台技术框架。电力一体化信息平台体系框架架构，由上到下由四个层次构成，分别是企业门户、应用集成、数据中心、信息网络。

一体化信息平台逐渐向信息的处理、存储、展现、传输和集成能力的趋势发展，利用信息化的基础设施、管理和技术软件平台为服务基础，对业务进行集中管理，将信息资源按需分配。一体化信息平台展现出一体化运行平台和集成的环境，该环境的主要特征是安全系数高、灵活性强、效率较高。

（1）信息网络。智能电网运行的可靠性和安全性依靠对数以万计的数据进行处理与传输，因而信息网络是支撑一体化信息平台的基础。电力企业建设一体化信息平台的过程中，对现有资源和信息的整合，升级并改造现有网络，实现对各个业务应用系统中重要的指标中涉及的数据的整理、获取、传输和处理，构建功能强和标准化程度高的一体化的数据信息平台，使信息网络扩展到所有生产和经营区域。

（2）数据中心。数据中心的建设，是为了更好地提高信息存储容量，保证数据的唯一性、完整性、标准化和准确性，同时，满足电网设备状态、用户用电量、空间数据等大量数据信息的存储响应，有效对信息孤岛等问题进行解决，数据中心以建构数据仓库和数据集市的方式，联机分析处理，同时实现数据分析和挖掘。数据中心的建设提供决策依据，建立保障电力信息系统的安全体系，保护数据及业务管理系统被访问中的安全，制定标准化的信息资源管理规范。

（3）应用集成。应用集成平台规划的组成部分包括企业服务总线、业务流程监控和管理等。应用集成平台包括技术层面和管理层面。技术层面的关键是建立面向服务的框架结构，服务是构成相异的技术规范标准、业务应用程序和实现过程的连接要素，因此，面向服务框架结构的构建的根本是服务总线，以统一的 Web Service 方式支持各个应用系统互相联系和沟通，解决因软硬件结构不同带来的问题。

管理层面是围绕核心业务，以客户全方位管理、能量全过程管理、资产全寿命管理为重点，深入研究业务应用集成，同时，对财务、物资、人力等方面的主要资源加强管理，与办公体系等其他业务方面全面性协调整合。

（4）企业门户。企业门户系统主要组成部分包括统一用户管理、应用门户系统和内容发布管理。

第一，统一用户管理。统一管理集成的业务系统账号和门户账号，人力资源部门主要工作任务是信息同步，针对的是目前已注册人事方面信息同用户管理系统中统一后相对应的用户账号，访问该业务系统将会受限，只有在被授权时方可进入。

第二，应用门户管理。在门户首页，将许可各类用户都可查询到其需要的相关数据和报表，这些报表是从数据中心、数据仓库中获取，展现在门户首页中；将业务系统中所有的未处理工作集成到应用门户中，形成统一待办的状况，因而通过门户首页就可查到即将要处理的工作；联合安全防护系统，在门户业务系统集成应用，实现单点登录和安全的一体化，即用户登录的审核过程完成后，访问各业务系统过程，门户是企业员工的安全保障、统一且唯一的入口。

第三，内容发布管理。内容发布系统是通过内网和外网的新闻网页，实现企业和下属单位集中发布控制和统一展现。

2. 业务应用集成规划

在国家电网的电力信息化结构框架统一的条件下，企业须完善业务应用建设，持续推动业务应用的深化层次和实用范围，扩大业务覆盖范围，实现电力企业及其下属单位、员工及全部业务的全覆盖。遵照国家电网的统一部署任务，电力企业需要对其核心、业务进行深层次的整合，建成一体化的业务应用集成体系，在电力的重要环节更具智能化，全面提高经营决策水平。

业务应用体现在人力资源管理、运行管理、财务管理等业务的应用建设方面。表现为企业对各项办公业务信息化建设更加深入；编辑文档统一化、信息数据的标准化、推进办公信息和专业化相互融合；统一的业务流程、业务协同、跨领域、跨单位的过程中公文可自动流转；档案归档的自动化；统一且协同的办公文件与档案中心、任务中心；提高办公辅助决策分析水平。

业务应用集成规划对资产全寿命周期内的效益和效能、安全性进行稳定协调，对资产进行精益化管理，降低相应成本，保障电网更加安全；在规划的时间、区间内，实现业务内的数据贯通和数据集成；在项目管理时间、区间内，将项目管理、电网规划的集成与投资计划联系起来，实现信息贯通；将项目管理与物资管理、财务管理、生产管理结合，实现数据共享和信息贯通；建立法律管理与项目管理应用的联系，使合同管理趋于一致；构建设计、监理、施工外部信息与项目管理系统间的协同关系，使电网工程建设内部与外部协同一致。

3. 电力信息安全保障体系

电力信息安全保障体系由六个模块组成，分别是安全基础设施、安全技术、安全管理、安全服务、标准运营规范、专业人才。电力信息安全保障体系是动态发展的过程。随着科技的进步，电力建设引进新技术，因而产生新安全漏洞和风险，也会出现新安全威胁。信息安全保障体系依据具体的威胁安全的情况开展相应的补救措施，推进办公信息和专业化相互融合。统一的业务流程、业务协同涉及跨领域、跨单位的过程中，公文可自动流转。在规划计划时间、区间内，实现业务内的数据贯通和数据集成，在项目管理时间、区间内，将项目管理、电网规划的集成与投资计划联系建立起来，实现信息贯通，建立项目管理与物资管理、财务管理、生产管理的结合；同时，开发更多对电力信息安全保障体系有益的建设。

（六）基于智能电网的电力信息化建设的对策

1. 完善管理制度和技术标准体系

信息化要求的不仅是科学技术的先进，更要求日常运营业务规范和标准。通过规范化管理，更好地保障企业内部信息交流顺畅。在管理模式上，严格制定业务流程、岗位职责和企业计算机技术人员的上岗标准；在信息处理方式上，对信息分类与编码等设计企业信息要依据标准制定执行；在计算机软硬平台操作上，将包括操作系统、数据库和网络及文字处理等内容实现联网，保障信息的内部沟通与外部响应。为企业信息化提供工具和载体，需要大批引进技术含量高的硬件设备和软件程序，也需要提高电力企业的集中化、集约化、精细化的管理水平，能够高效地利用企业资源，建立企业资源优化配置模式，提高对设施设备的监管力度。先进技术能够推动管理思想的创新，管理模式的改革，促进电力企业的管理方式从粗放型向精细型转变。

（1）加强建设的组织工作。根据建设体系指导方案，结合电力发展的实际情况，制订方案落实的具体实施过程和时间，组织建设该体系相关领导工作小组，依据实际情况制订实施方案，获得企业领导的审批后，按实施计划对建设体系具体工作有序推进。与此同时，须向国家电网企业总部及时地汇报各个阶段所取得的成果，保证完成既定目标下的组织工作。

（2）建立建设的管理制度体系。根据建设体系指导方案，结合实际工作管理情况，对指导方案进行细化和优化，将其完善为具有电力发展特色的建设方案，统一建设全企业的管理制度体系。

（3）完善建设的技术标准体系。从标准体系框架规划出发，对各项技术标准的编制、调研工作都积极组织参与，每个阶段都询问相关部门（单位）意见，对其进行有序整合并总结，制订出合乎建设指导方案要求的建设标准计划。以统一的技术标准体系为基础，结合相关国家标准、行业规范和国家电网企业的企业标准，通过协调融合，形成结合当地实际情况的全企业统一的技术标准体系。

2. 优化建设关键环节的集中管理

加强建设关键环节的集中管理，有利于实现省网的集中审查、设备招投标与维护更新、参建队伍的选择与激励手段、在建工程监督等关键环节，具体如下：

（1）设计评审。电力企业电网信息化建设的设计评审阶段需要按照统一的规范执行，规范必须依据设计评审原则，将技术标准和概算编制标准结合实际情况，形成有机统一整体。设立省级设计评审中心，作为电力企业实行电网信息化建设的技术支撑机构，对初设评审进行协助。

（2）基础建设物资招标采购。根据建立的信息平台，建立针对招投标活动的招投标管理平台，对参加招投标的企业分类并划分等级，使得基础建设物资采购过程更加透明合理，管理更加规范。

（3）参建队伍选择。在信息平台中建立包括规划设计、施工和监理队伍的项目参建队伍资信档案，并对其实行激励约束机制，以此对参建队伍进行规范化管理及对其进行的优化选择。

（4）依托工程基建新技术研究。依托在建工程的投入使用，根据项目运行情况，集中企业科技力量进行基建新技术研究，促进新技术的全面应用，尽可能地覆盖较大范围。

（5）工程竣工结算监督。根据制定的企业统一技术标准体系，结合电网实际情况，优化工程竣工结算原则、流程和标准，对于结算监督过程中不合理、可改进之处能够进一步被解决，有效控制工程造价。

3. 加强电力企业信息化安全管理

电力企业网络信息安全具备多方面的安全风险，为加强信息化安全管理，须采取以下措施：

（1）建立信息化保障体系。为保障信息化稳定安全，必须建立适用于智能电网建设的新型信息化保障体系，保障全景实时的信息整合与监控追踪、安全可靠的信息双向流动和集中企业科技力量的技术创新研究。在信息安全方面，由于云计算和物联网等现代科技在智能电网中的应用，需要加强信息安全技术和措施，满足发电侧、电网侧和用户侧的信息安全需求。以代管企业、后上划企业的安全接入为重点，实现信息内网高度控制、高度隔离、无外联、强内控，信息外网抵御攻击、自动修复的安全防御体系，并将其覆盖全电网结构和全企业各流程，防御攻击、全程监控、主动防范风险，进而保障信息安全，提高信息安全预警能力和反击能力，一旦信息遭到窃取或设备被恶意操纵，电网能够主动反击和自我修复。

（2）重视信息安全规划。为保障电网的信息安全，必须站在全局的角度，以系统的观点审视电网安全隐患，进行网络安全规划并不断进行修复。合理部署安全管理工作，保障各方面工作有序开展，参照国际通用标准制定一整套系统化并全面性的信息安全管理体系。

（3）合理划分安全区域。电力企业实行物理隔离下的企业网络，其覆盖的区域是全面性的，基于电力企业内网基础，须对安全域合理安排划分。依据信息安全密级程度，将企业网络区域划分为核心防范、一般防范、开放区三个安全区域。网络安全的核心、防范区域内放置有所有特别重要的数据、数据库和服务器，是需要重点被防范的区域，一般用户对这部分区域的内容无法直接访问，具有最高的安全防护级别。办公自动化系统和各业务的应用系统都在该区域数据库的基础上运行。

（4）重视信息安全制度建设。为保障网络信息安全，通常按照系统工程的一部分，对企业网络信息安全加以考虑。因此，企业网络的信息安全制度建设，对电力的内网是十分重要。需要重视内网的统一认证系统、病毒防护体系、日志管理与安全审计、网络管理制度等方面的建设，同时，加强对企业员工和网络管理人员的安全意识教育。

4. 加强信息化专业性人才的培养

电力企业信息化人才是关键，信息化建设的成功与否，最终取决于整个电力员工信息化的素质和能力，企业信息化建设人才不仅需要了解信息化技术应用方式，还需要懂得企业管理，将技术应用融入企业的日常管理中。员工的信息化技术能力是企业信息化的根本和关键性因素，同时，对员工信息化培训是工作的重点，提高其信息化知识、技能和参与操作系统的熟练度等方面。企业的创新、生存和发展的能力最终的执行者是企业员工，必须努力提高全员的知识水平，培养新近管理理念的复合型人才，从而更好带动电力企业信息化的发展进程。培养专业性人才应从以下几方面着手：

（1）整合人力资源，拓宽优化人员结构。各建设单位需要积极吸纳相关方面技术管理人才，整合优势人力资源，不仅可以吸纳建设工程当地的供电生产部门技术人员加入建设管理中，还可吸纳退休却有着丰富施工经验的基建职工。对于缺乏技术管理人员的新组建项目，由市企业基建部组建，县企业基建部领导管理。按照标准化手册的要求对项目实行管理，将业务能力较强、认真程度高、责任感重的工作人员调入到建设项目中。当人员出现短缺时，需要从社会选择优秀的人才，聘请作为项目的管理人员。通过整合人力资源，工程管理人员短缺的状况能够得到有效解决，全面且充分调动参建各个部分和级别的工作人员的主动性和积极性，使建设项目中各专业管理水平得到有效提升。

（2）建立沟通交流机制，加强各项目部间沟通。促进信息化建设项目的组织协调能力更加突出，全面提高管理控制的水平。在工程施工现场，企业为各个项目部设置办公场所，这些场所的安置与施工部门、监理部门同时工作。全部按照标准，统一化进行设置。业主、施工、监理三个建设项目组织参照统一标准制定相应的组织机构图、岗位工作职责、安全管理网络图等，信息化建设项目建设中的资料都放入业主项目部中存放，有利于施工人员查找核实。为了减少项目建设期间由于缺少沟通而出现问题，建立沟通交流机制，并据此开展三个项目部之间的沟通，每周由业主项目部组织召开联席会议，通过总结已完成和待完成工作，指出需要其他两个项目部配合的业务，告知下周工作安排，加强三个项目部之间的沟通。企业赋予业主项目部全面的管理和协调职能，将施工和监理两个项目部的工作能力与效益挂钩，使三个项目部的人员积极主动完成业务目标，并主动寻求与其他项目部之间的合作，全面提升企业的施工管理水平。

企业运营期间，各项目部必须进行充分交流，建立相互配合的工作机制，发挥集合效用，在企业施工建设期间，既能够发挥业务部门的协调和指导职能，又能够提高监理部门的监督管理职责，同时，加强施工项目部门对现场的控制和管理。

（3）加强员工教育培训。随着智能电网中新能源发电技术、在线监测技术、馈线自动化技术、互动式用电技术等先进技术的应用，企业信息化建设需要掌握先进技术的人才，这就要求企业加强员工教育培训。通过培训，加强员工先进技术掌握、培育员工创新精神、加强员工的动手及管理能力，为企业信息化建设提供人才。

员工的教育培训要具有针对性，对于负责信息工作的高级负责人或者分级管理人员，培训的重点是站在企业发展战略的角度了解企业信息化建设目标与建设思路、信息化管理制度体系的构成、信息化安全管理制度的制定和完善等；对于具体企业信息化运行管理的技术人员，培训的重点是根据信息化发展思路，了解信息化发展战略，并据此应用先进的信息化技术管理和维护信息化运作流程；对于其他员工，培训的重点是学会熟练操作信息化工作流程，了解其相关技术，发生信息安全事故时能够及时应变承担相应的信息安全责任。

需要对特定岗位的特定人员进行额外培训，即将在信息化流程中关键环节的技术人员送往专业的技术机构进行培训教育，使其掌握更加专业的信息化知识和技术，确保在电力信息化建设过程中，这类关键环节的技术人员能够通过关键环节的先进技术，保障电力信息化建设顺利实施。通过具有针对性的员工培训，掌握在各自岗位上所需的信息化技术，提升全公司的信息化技术水平。

第二节　云计算技术在电力信息化建设中的应用

大数据时代的到来对我国经济发展以及科技进步起到关键性作用，这是互联时代深入发展的必然结果。互联网衍生出的云计算是一种基于信息技术实施科技服务的方法，借助云计算，可以将计算分布在大量的分布式计算机上，利用网络进行数据的有效传输，对企业发展过程中的数据管理起到重要作用。"云计算因具有资源利用率高、节约成本的特点，其任务数据存储量较大，已经得到广泛应用。"[①] 电子计算机以及互联网技术的普及缓解了电力系统高负荷压力，随着技术的逐渐成熟，互联网云计算逐渐发展，并且云计算对于当前电力信息化建设起到了关键性作用。

一、云计算概述

云计算是一种计算机商业模式的使用，云计算的主要作用是将计算机任务分布在大量计算机构成的资源池上，保证各个系统的计算力、存储空间以及信息服务，并且利用浏览器访问的在线商业使用，进而满足企业的信息化发展。其中，云计算的类别主要有将软件为服务、将平台为服务以及将基础设施进行服务等三种不同的应用情况，将该种技术进行实施，可以进一步实现简化，不再需要将大量的数据进行处理，在这种情况下可以实现数据信息的安全性。

二、基于云计算的电力信息化建设内容

（一）基于云计算的电力信息化系统

在电力信息化建设系统搭建过程中，需要基于云计算进行建设，系统框架搭建需要全面覆盖电力企业下放参与经济建设的企业、独立企业，以及各个部门等情况，将所有的资源进行综合性汇总，并且需要对汇总的数据进行综合性分析，进一步实现资源共享与数据共享。

---

①杨丽华，鄂晶晶，冯锋．云计算任务数据节能存储模型仿真［J］．计算机仿真，2023，40（2）：535.

在云计算设计电力信息化建设过程中，需要建立管理者，管理者可以对整个系统进行访问，系统可以满足多个终端的需求，不同型号的电脑、手机、计算机等都可以进入，但是如果想要进入云资源进行访问，需要进行收费，这一模型就是按量计费的商业服务接口。

在电力信息化建设过程中，云计算的内容需要有所涉及，只有这样才能进一步完成后期整体化信息建设。在信息化建设的过程中，主要基于互联网技术，这种互联网技术以虚拟技术为主，通过虚拟技术的使用可以在一定程度上实现信息化基础设施建设，例如，实现信息资源数据库。数据库建设过程中使用的虚拟技术可以让系统中存储的数据进行进一步共享，在实现数据库数据共享的同时，大量数据共享更加有利于电力系统实现有效的资源整合，将部分区域电力数据进行综合性管理，在管理的过程中进行数据分析，进一步实现信息共享数据共享，使电力信息化建设更加完善。

数据库数据共享的主要内容包括：①对系统的数据进行自由调度并且使用，各个区域掌握不同区域的电力使用数据，体现了数据使用的综合性；②实现对数据的综合性管理，提升镜像文件的管理和储存质量，同时，保证数据定位的精准性，让客户端在进行电力使用数据查询过程中平台的稳定性更强；③增强系统中的数据处理效率以及处理能力，保证客户端应用程序的综合性、多渠道性，提供丰富的资源，提供让客户端满意的电力系统服务，同时，依托于虚拟技术可以对系统的数据进行实时监测。

（二）虚拟技术的实施及其技术涵盖

在整个电力信息化建设过程中，虚拟技术是极为关键的重要内容，通过不断完善虚拟技术，不断创新性应用该技术，可以推动我国电力信息化建设发展。同时，依托于成熟的虚拟技术，可以更好地实现系统内的数据之间的传输与交换，进一步实现资源共享与数据共享，满足当前电力系统高负荷运行的稳定发展。实施虚拟化技术，可以进行数据综合性呈现，例如，在系统不同层次之中，将不同层次中的数据进行综合性呈现，对不同层次呈现出的数据进行综合性分析以及处理，以便于工作人员更加全面地掌握数据，为电力发展科学管理奠定一定的基础。这种模式下，可以真正实现数据的作用，使数据具有电力企业发展的辅助性。电力信息化建设的核心内容数据云存储，必须在虚拟技术加持下才能完成，才能实现真正的效果，从而提升大数据模式下的数据资源使用效率与利用效率。

一般情况下，虚拟技术分为三种机制，包括硬件分区技术、微分区技术和工作负载分区技术。其中，硬件分区技术是将独立的物理服务器进行分化，分化成为多个逻辑服务器，这些逻辑服务器需要保证一定的独立性，同时，动态服务器逻辑性分区在不被中断的情况下，可以对分区内数据资源进行增加或者减少。硬件分区主要包含静态分区以及动态分区，静态分区服务器上，在服务器的运行过程中，不能进行硬件分区设备的配置。如果涉及配置更改，需要重新启动服务器，而动态分区可以对硬件分区的单位配置进行更改，实施动态分区可以进一步增添或者删除分区单位，而不需要重新启动服务器。

微分区技术可以充分实现动态逻辑分区中的数据资源以及信息资源进行调整，而且系统管理员可以对数据资源进行移动。例如，CPU 以及 I/O 适配器进行分配，并且在执行分配过程中不需要进行重新分区启动。而且不同模式下，不同分区中的数据资源以及业务模式均具有一定特点。实施该种机制，可以在一定程度上实现最大化资源利用率。

工作负载分区技术的主要作用是在不改变硬件特性的基础上，将用户以及系统中的应用程序加以隔离，并且加强系统对应用程序的承载能力，这样可以在一定程度上实现各个负载区域的高度安全性。

（三）充分实现电力资源的有效调度

电力信息化建设过程中的云计算技术，可以在一定情况下实现各个数据的资源共享，在资源或者数据的共享过程中，进一步保证数据灵活性应用，利用互联网技术将云资源进行连接，利用云资源为电力信息化建设提供有力支持，实现数据资源最大化利用。这对电力信息化发展需求具有至关重要的作用。该项机制实施的主要目的是为了将易购物理机以及存储池利用虚拟技术实现数据的统一管理，并且将基础资源在公众面前展开，为民众提供优质的、系统化的服务。在服务过程中进行数据调度，将调度的数据在系统中不同模块进行传输，在传输过程中进行资源整合，整合后按照按需分配原则使用数据，并且做好相应的数据安全防护的措施，为云计算、云资源的建设与发展奠定一定的基础。

云计算设计电力信息化建设过程中，对于电力资源调动需求较大，因此，资源在调度过程中往往是根据计算情况逐渐进行改变，而且具有动态性、多样性。在电力信息化平台资源调度过程中包括细粒度以及粗粒度两种，前者往往存在平滑迁移的弊端，并且一般缺陷也较大，不能实现资源调度的实时性，而且还极有可能增加电力信息化建设中的电力系统负担加重等问题。

（四）电力信息化建设的安全性管理

在我国电力信息化系统建设过程中，云计算依托于庞大的技术力量集成技术支持，进一步实现了资源以及数据合理性应用。随着我国云计算建设规模以及用户规模逐渐变大，用户平台使用需求逐渐加大，多元化需求的增加在一定程度上对信息资源的安全性以及资源配置情况提出了更高的要求，在电力信息化发展过程中应对数据安全问题、用户身份问题以及常见故障维修问题等进行综合性考虑。

由于电力发展的不断进步，信息价值逐渐提升。在这种情况下，需要使用私有云进行技术安全解决，私有云可以简单理解成企业在搭建平台过程中使用的独立平台，企业对该平台享有一定的管理能力，可以在一定程度上进行数据安全保障。除了数据安全之外，还需要进行数据传输过程中的加密处理，通过数据加密，就算数据被拦截也无法进行破解，进一步实现数据传输过程中的安全性与隐私保护性。在进行身份验证以及授权等方面，需要为内部人员，而且对于不同管理者开放不同模块的授权，使系统访问以及数据阅读更加安全，防止信息被泄露。电力信息化建设对信息数据的安全性有着较高的要求，信息安全与电力企业发展建设具有重要关联，为防止信息丢失、损坏，在云计算电力信息化建设过程中须重点进行信息安全性管理。

总之，云计算是现阶段我国信息建设过程中必不可少的环节，电力企业作为我国经济建设与发展的核心企业，实现信息化建设可以更好地进行电力数据资源共享，让电力企业逐渐适应数字模式发展下的企业建设。实现电力信息建设需要进行框架搭建、虚拟技术应用以及信息安全管理技术使用，只有进行科学筹划，将技术融入电力信息化建设当中，才能推动我国电力系统信息化建设前行。

第三节　AI 技术在电力信息化中的应用创新

AI 是人工智能的简称，AI 主要对人类的思维与行为进行研究与模拟。AI 主要的代表技术包括自然语言处理、专家系统、模式识别、机器学习等。目前，AI 技术具备了一定的基础与优势，可以对大规模的数据进行建模与统计分析，进而提供解决方案，从而为相关电力专业的工作人员提供科学、客观的决策支持。

一、电力数据的特征与分类

电力数据整体上呈现多源、异构、数据量大且高隐藏值的特点，数据来源广泛；大部分电力数据来自业务系统，且涉及行业众多，采用分散放置、分布式管理模式，分析挖掘前须进行业务贯通及数据融合，数据结构复杂；除传统的运行数据、设备台账等结构化数据外，电力数据还包括输变电监测中的图像视频、电力气象云图、客服语音等非结构化数据，内容庞杂，数据规模大，数据增量巨大；数据蕴含高附加值，除为电网自身提供支撑外，电力数据可以面向居民、企业等多方主体提供服务，全方位支撑智慧城市建设。

随着国家智能电网的发展，相关电力企业建立多个业务信息化系统，形成了大量良好的数据资源，可分为生产、营销、管理与外部数据四类。

二、AI 技术在电力信息化中的应用探索

AI 技术在电力信息化中的应用，体现在管理的每一个环节，具体来说，包括简化数据采集、管理与利用流程，对已有资源进行分析和整合，为作业人员提供更多有价值的信息等。AI 技术在电力信息化中的应用主要包括以下几个方面：

（一）电力数据采集智能化

数据采集是电力信息化工作的基础，而高质量数据是使用大数据技术的前提。利用 AI 技术收集不同数据源产生的信息数据，提取其中潜在可用的信息，为数据价值挖掘的后续工作提供基础条件。

1. 实现作业自动化

在传统的电力数据采集系统架构下，基本实现了质量、效率、成本三者之间的平衡。但随着业务不断变化，导致平衡点失调，即在现有的成本下无法满足高质量和高效率的要求。因此，研发基于 AI 技术的数据库运维专用工具显得尤为重要，该工具以实现数据自动采集和规则分析，自主规划成本、容量方案，智能调度与伸缩，减少 DBA 运维人员的工作量为目标。

2. 电力数据空间化

电力涉及很多地理方面的内容，如输配电线路及设备拓扑结构、供电范围等，这些业务的信息监管都离不开空间位置的支持。利用语义理解与智能匹配等技术将电力行业中的位置进行搜索、分析和过滤，把符合要求的信息保留下来进行关联，从而达到智能收集的目标，实现文档一体化管理。

（二）电力数据安全管理智慧化

安全是每个行业管理工作的底线，对于电力行业尤甚。目前，电力数据的安全问题主要集中在权限的划分界定，防范病毒、黑客与自然破坏等问题上。AI 技术的电力数据安全管理智慧化应用包括：①在电力设备库房的门卡管理系统中应用指纹、人脸识别技术，并且实现角色智能权限控制，不同角色的工作人员拥有不同级别的管理权限；②在库房监测体系中应用智能监测设备，对湿度、温度等条件进行实时查看与智能播报，目前，较为成熟的 AI 算法分析包括通过视频或者影像对于目标进行建模与识别跟踪分析，进而将目标的状态信息记录在数据库之中，一旦发现异常将提示管理工作人员，排除隐患；③在网络安全上建立智能监测系统，系统不但可以实现自动备份、文件报警分析等基本功能，还

可以对关键信息进行语义理解与机器学习等操作，追回被攻击和被破坏的数据资料。

（三）故障审核鉴定专家化

在自动化电力调度工作中，故障是必须考虑的一个业务，如设备损坏、自然现象影响等，其中多数原因是无法预测和控制的，需要专业人员利用丰富的经验来排除，而传统软件是不能实现这项工作的。专家系统可以辅助从业人员进行鉴定、审核工作，对于难以确定的问题可以给出权威的判断，且该行为不受时间与空间的限制。因此，建立电力专家系统显得尤为重要。电力专家系统的建设过程包括：①将电力相关的专业知识、方法、规则等信息以计算机语言的形式录入数据库；②对已经建立的专家知识库进行有规律的样本训练，并且验证其正确性，熟悉相关专家审核鉴定流程；③进一步完善已建立的专家系统，即对系统进行多次验证后做出总结，对系统进行改善。

（四）挖掘电力数据的应用潜力

对电力数据进行深度挖掘，有利于电力营销服务、调度工作质量水平提升。AI 技术可以在数据量大、格式复杂的电力数据之中帮助用户更加快速与准确地找到所需要的信息，甚至可以提供更有价值的隐性信息，发挥电力数据的最大价值。

1. 搭建智能管理平台

智能化管理平台与传统系统相比，具备智能分类、合理分配资源、审核与安全管理等特性。相关工作人员可以在网络连通的设备上对已分类（满足安全性前提）的电力行业数据进行实时浏览，并根据用户需求提供智能化的指导服务。同时，平台应具备一定的自动编目能力，当数据满足入库需求，则自动进入云库并完成备份操作。由于电力具有涉密性（涉密特别严格的数据不建议进行入库工作），智能平台应具备保密等级划分，根据不同用户的角色赋予不同的权限。如关系到费用与计量的数据，仅由营销专业人员可调阅；如关系到信息位置、故障类的数据，仅由管理与维护人员可以查询。平台应对各种类型的功能操作进行痕迹记录，形成统计分析资料，为电力大数据方向研究提供支持。

2. 合理应用专家系统

电力专家系统不仅可以应用在电力故障数据的鉴定上，也可以应用在数据隐性挖掘上。利用成熟的专家系统可以进行获取、推理、解释与显示电力信息，将其转化为所需的信息资源格式与内容，进行可视化展示与评估。

（1）电能资源的优化配置。有效的电能管理包括监视、分析和控制三个主要步骤。监视就是搜集存储的电能供给、消耗和利用情况数据；分析就是利用成熟的专家系统进行数据聚类分析，形成用户典型负荷曲线，每条负荷曲线都能代表用户自身的模式，充分体现用户在不同时间节点中用电行为的差异性；最后依据评估报告做出正确的控制方案，实现电网、用户多方共赢。

（2）负荷需求流向分析。负荷与城市区域经济社会活跃度高度匹配，通过分析一定时间段各区域用电情况，动态可视化用电负荷，结合地理信息系统（GIS）数据，可分析负荷峰谷空间分布及峰值迁移趋势，客观反映人口、经济等社会活跃度，服务城市功能区布局、交通等基础设施规划。

（3）区域成熟度评估。城市基础设施布局以需求为导向，但统计方式进行城市成熟分析具有一定的滞后性，而导致城市基础设施布局与需求不匹配，而电力数据与居民生活息息相关且具有高时效性。以居民小区为对象，分析小区用电量水平，结合周边商业、医疗卫生、教育等设施信息，可建立区域成熟度评价体系，区域可为居民小区也可为城市居住区。

3. AI 利用方式多样化

传统的电力服务方式主要依靠人工实现，包括查询与展示等。新时代下，服务方式应不限于网站与新媒体，AI 机器人集识别、处理与机器学习等技术于一体，为用户提供多样性的服务。如在服务过程之中提供讲解（语音播报）、送水、路径指引等功能，快速帮助用户解决问题；还可以利用情感分析与人脸识别等技术在服务过程之中对用户进行满意度调查研究，得出客户渠道偏好、话务习惯、敏感标签等，从而准确掌握客户诉求特点，提升客户服务的针对性。

参考文献

［1］付绍勇，刘新峰．新发展理念引领的海外电力投资项目建设管理［J］．企业管理，2021（S1）：82．

［2］马诗萍，张文忠．黄河流域电力产业时空发展格局及绿色化发展路径［J］．中国科学院院刊，2020，35（01）：86-98．

［3］陈磊，李龙，项海波．智能电网建设与电力产业发展探究［J］．中外企业家，2020（08）：86．

［4］王坤．低碳环保视角下我国电力产业发展路径探究［J］．黑龙江科技信息，2015（34）：99．

［5］高东胜，甄士龙，高飞．金融支持绿色电力产业发展的实践与展望：以河北省为例［J］．河北金融，2023（03）：28-31．

［6］周昱．电力经济与电力市场的关系探讨［J］．电气技术与经济，2022（01）：92．

［7］何永秀，魏佳佳，王巍．中国电力产业发展战略和创新体系研究［J］．电力建设，2007，319（04）：90．

［8］吴玲瑶，潘聿文．智能技术在电力系统自动化中的应用［J］．集成电路应用，2023，40（05）：352-353．

［9］王彬彬．电力系统自动化技术应用研究［J］．光源与照明，2023（04）：183-185．

［10］张英杰，陶维青，张大波，等．电力系统综合自动化实验平台实现［J］．实验科学与技术，2023，21（02）：132-137．

［11］李兵兵．电力系统自动化中远动控制技术的设计与应用［J］．电子元器件与信息技术，2023，7（01）：225-228．

［12］徐晶晶，梁淞．电力系统自动化中的计算机技术应用研究［J］．造纸装备及材料，2022，51（12）：47-49．

［13］葛坤，张岩．自动化技术在电力系统中的应用［J］．集成电路应用，2022，39（12）：262-263．

［14］田振华．供电系统的自动化控制技术应用分析［J］．中国新通信，2022，24（23）：69-71．

［15］何自立，游骏杰．智能化技术在电力系统自动化中的应用研究［J］．内蒙古科技与经济，2022（22）：116-118.

［16］藏志刚，何建中．浅谈发电企业的信息化建设［J］．内蒙古科技与经济，2009（22）：49-49，51.

［17］陈富，陈曦．变电站全面信息化智能安防体系的建设及应用［J］．电力信息与通信技术，2017，15（2）：75-79.

［18］柳林溪．信息化时代智能变电站的运行操作浅探［J］．魅力中国，2018（18）：280.

［19］陈瑞芳．变电站网络信息化管理的探索［J］．城市建设理论研究（电子版），2012（17）．

［20］李杨．基于输配电线路的智能巡检技术的研究与应用［J］．电工技术，2020（21）：102-103.

［21］魏啸，陈星星，袁光华．输配电生产管理系统的构建［J］．科技创新与应用，2020（33）：88-89.

［22］张婷，唐亚夫．浅谈电力技术经济的评价指标与具体方法［J］．东方企业文化，2018（S2）：162.

［23］林智斌．电力工程技术经济分析在造价控制中的作用［J］．通讯世界，2018，338（07）：149.

［24］王铮，万华，肖艳利，等．基于创新技术经济指标的电力系统柔性评估与优化调度［J］．实验技术与管理，2022，39（9）：109-118.

［25］叶季蕾，薛金花，陶琼，等．面向电力系统应用的储能技术/经济性分析研究［J］．电气应用，2017，36（16）：20-28.

［26］咸日常，袁建华，梁玉，等．电力变压器温升与冷却装置改造的技术经济分析［J］．高压电器，2006，42（1）：58-59，62.

［27］李巍．电力企业信息化建设思考与实践［J］．电力自动化设备，2004，24（10）：83-87.

［28］季开祥．电力企业信息化建设探讨［J］．现代情报，2008，28（7）：183-184.

［29］余贻鑫，栾文鹏．智能电网［J］．电网与清洁能源，2009，25（1）：7-11.

［30］张瑶，王傲寒，张宏．中国智能电网发展综述［J］．电力系统保护与控制，2021，49（5）：180-187.

［31］唐华锦，陈汉平．人工智能技术（AI）在电力系统中的应用研究［J］．电力建设，2002，23（1）：42-44.

［32］ 史玉波．开拓进取加快电力监管信息化建设［J］．信息化建设，2007（3）：14-16.

［33］ 陈琪，刘涤尘，周玲．基于 Web 服务的电力信息化监管系统的构建［J］．电力系统及其自动化学报，2012，24（2）：96-101.

［34］ 宋维．电力行业安全监管信息化、标准化［J］．电脑采购，2021（3）：13-14.

［35］ 王侃，李汉铃．电力监管监督机制的新思路［J］．自然辩证法研究，2006，22（5）：78-82.

［36］ 王伟．新电改下中国电力监管体制改革路径［J］．中共中央党校学报，2016，20（5）：108-112.

［37］ 谢敬东，王诗瑶，周雪梅，等．基于三方演化博弈的电力市场监管策略［J］．科学技术与工程，2021，21（35）：15072-15083.